MP3形式
CD-ROM

TEST OF PRACTICAL JAPANESE

J.TEST
F-G

実用日本語検定問題集
〔F-Gレベル〕
2020年

JN118707

日本語検定協会 編
語文研究社

はじめに

　この『J. TEST 実用日本語検定 問題集[F-G レベル]2020 年』には、2020 年の F-G レベル試験 6 回分を収めました。

　「J. TEST 実用日本語検定」の練習に利用してください。

　なお、「J. TEST 実用日本語検定」についての最新の情報は下記の URL をご覧ください。

J. TEST 事務局本部　http://j-test.jp/

日本語検定協会／J. TEST 事務局

● 「文法・語彙」と「応答問題」にミニテストがあります。

第1回
https://jtest-online.jp/2020/fg/01-g
https://jtest-online.jp/2020/fg/01-lis

第2回
https://jtest-online.jp/2020/fg/02-g
https://jtest-online.jp/2020/fg/02-lis

第3回
https://jtest-online.jp/2020/fg/03-g
https://jtest-online.jp/2020/fg/03-lis

第4回
https://jtest-online.jp/2020/fg/04-g
https://jtest-online.jp/2020/fg/04-lis

第5回
https://jtest-online.jp/2020/fg/05-g
https://jtest-online.jp/2020/fg/05-lis

第6回
https://jtest-online.jp/2020/fg/06-g
https://jtest-online.jp/2020/fg/06-lis

目　次

はじめに

試験問題

正解とスクリプト

実用日本語検定

TEST OF PRACTICAL JAPANESE

J.TEST

受験番号		なまえ	

注 意

試験が始まるまで、この問題用紙を開けないでください。

日本語検定協会／J.TEST事務局

J.TEST

実用日本語検定

読解試験

1	文法・語彙問題	問題	(1)〜(25)
2	読解問題	問題	(26)〜(35)
3	漢字問題	問題	(36)〜(45)
4	短文作成問題	問題	(46)〜(50)

1 文法・語彙問題

A 次の文の（　　　）に1・2・3・4の中からいちばんいいものを入れてください。

（1）　（　　　）じてんしゃは、だれのですか。
　　　　1　そっち　　　　2　あの　　　　3　ここ　　　　4　それ

（2）　なつ休みにタイやベトナム（　　　）へ行きたいです。
　　　　1　や　　　　2　など　　　　3　に　　　　4　まで

（3）　さかなは食べますが、にく（　　　）食べません。
　　　　1　で　　　　2　が　　　　3　は　　　　4　も

（4）　A：「あたらしいアパートは、（　　　）ですか」
　　　　B：「あまりよくないです」
　　　　1　どの　　　　2　いつ　　　　3　なぜ　　　　4　どう

（5）　何（　　　）ほしくないです。
　　　　1　も　　　　2　が　　　　3　は　　　　4　か

（6）　吉田さんは、（　　　）人です。
　　　　1　しんせつ　　2　しんせつに　　3　しんせつな　　4　しんせつだ

（7）　しゅくだいがまだ（　　　）。
　　　　1　おわりました　　　　　　　　2　おわります
　　　　3　おわりません　　　　　　　　4　おわりましょう

（8）　時間がありませんから、（　　　）ください。
　　　　1　いそいで　　2　いそいだ　　3　いそぐ　　　4　いそがないで

（9）　しんぶんを（　　　）ながら、コーヒーをのみます。
　　　　1　読む　　　　2　読み　　　　3　読んで　　　　4　読んだ

（10）　もうすこし（　　　）してください。
　　　　1　みじか　　　2　みじかい　　3　みじかくて　　4　みじかく

B　次の文の（　　　）に1・2・3・4の中からいちばんいいものを入れてください。

(11)　1しゅうかんは、（　　　）です。
　　　1　ふつか　　　　2　よっか　　　　3　ようか　　　　4　なのか

(12)　ボールペンが（　　）あります。
　　　1　さんさつ　　　2　さんだい　　　3　さんぼん　　　4　さんびき

(13)　これからしゃしんを（　　）に行きます。
　　　1　あき　　　　　2　ひき　　　　　3　とり　　　　　4　もち

(14)　よるは、さんぽする人が（　　　）です。
　　　1　ふとい　　　　2　すくない　　　3　ひくい　　　　4　ひろい

(15)　（　　　）があかのとき、とまります。
　　　1　せっけん　　　2　たてもの　　　3　せびろ　　　　4　しんごう

(16)　（　　　）にかぎがあります。
　　　1　ポケット　　　2　ボタン　　　　3　ギター　　　　4　カレンダー

(17)　渡辺さんにこのこうちゃを（　　　）ください。
　　　1　わたして　　　2　わすれて　　　3　まちがえて　　4　きえて

(18)　よるは、まちが（　　　）になります。
　　　1　じょうぶ　　　2　りっぱ　　　　3　しずか　　　　4　いや

(19)　12時（　　　）に来てください。
　　　1　ずつ　　　　　2　しか　　　　　3　すぎ　　　　　4　より

(20)　くつしたを（　　　）。
　　　1　つけます　　　2　きます　　　　3　かぶります　　4　はきます

C　次の文の＿＿＿＿とだいたい同じ意味のものを１・２・３・４の中から選んでください。

(21)　おまわりさんにみちを聞きました。
1　ごしゅじん
2　やおや
3　けいかん
4　りょうしん

(22)　あしたは、ひまです。
1　はたらきます
2　いそがしくないです
3　うちにいません
4　よていがあります

(23)　わたしは、あねがいます。
1　おねえさん
2　おにいさん
3　おとうと
4　いもうと

(24)　角田さんは、べんきょうちゅうです。
1　べんきょうをはじめます
2　べんきょうしています
3　べんきょうしません
4　べんきょうがおわりました

(25)　ホットコーヒーをください。
1　つめたい
2　あまい
3　あつい
4　おいしい

2 読解問題

問題 1

次の文章を読んで、問題に答えてください。
答えは1・2・3・4の中からいちばんいいものを1つ選んでください。

　片桐さんは、わたしの日本人の友だちです。わたしたちは、10年まえ、アメリカの大学であいました。片桐さんは、りゅう学生でした。おなじクラスでべんきょうしました。そのとき片桐さんは、えい語がじょうずではありませんでしたが、今、みどり大学でえい語をおしえています。わたしは、片桐さんに日本語と日本りょうりをならいました。今もときどき、日本りょうりをつくります。

---

(26)　片桐さんは、今、何をしていますか。
　　　1　大学生です。
　　　2　かいしゃいんです。
　　　3　先生です。
　　　4　かんごしです。

(27)　文章の内容と合っているのは、どれですか。
　　　1　片桐さんは、10年まえ、えい語がへたでした。
　　　2　片桐さんは、大学で日本語をおしえていました。
　　　3　片桐さんも「わたし」も、日本人です。
　　　4　「わたし」は、今、日本りょうりをおしえています。

問題　2

次の文章を読んで、問題に答えてください。
答えは１・２・３・４の中からいちばんいいものを１つ選んでください。

　わたしは、6時半におきます。あさごはんを食べて、7時半にいえを出ます。8時半ごろ学校につきます。電車は、人がおおいですから、とてもつかれます。9時からべんきょうします。12時半に学校のしょくどうでひるごはんを食べます。学校は、3時におわります。きのうは、それから、学校のちかくのえいがかんで、ひとりでえいがを見ました。すいよう日、女の人は、えいががやすいですから。7時にいもうととデパートのまえであって、しょくじをしてから、かえりました。

---

(28)　どうしてきのう「わたし」は、えいがを見ましたか。
　　　1　とてもつかれていましたから
　　　2　学校が休みでしたから
　　　3　ちかくにえいがかんがありましたから
　　　4　えいががやすい日でしたから

(29)　「わたし」について、文章の内容と合っているのは、どれですか。
　　　1　うちから学校まで1時間くらいかかります。
　　　2　きのう、うちでばんごはんを食べました。
　　　3　きのう、いもうととえいがを見ました。
　　　4　きのう、学校へ行きませんでした。

問題　3

次のおしらせを読んで、問題に答えてください。

答えは１・２・３・４の中からいちばんいいものを１つ選んでください。

りゅう学生　パーティー

日本人の学生や先生も来ます。
友だちをたくさんつくりましょう！

- 10月４日（きんよう日）　18：00〜20：00
- りゅう学生：500えん　（※日本人学生は600えん）
- だいもん大学　学生しょくどう

◆ 10月３日までに学生しょくどうでチケットをかってください。
◆ 何かわからないときは、電話してください。

こうりゅうセンター　藤田　☎ 090-1234-56XX

---

(30)　リーさんは、日本人の友だちとふたりで行きます。ぜんぶでいくらですか。

1　500えんです。

2　1100えんです。

3　1200えんです。

4　1700えんです。

(31)　おしらせの内容と合っているのは、どれですか。

1　パーティーは、ごご８時に、はじまります。

2　パーティーに行きたい人は、藤田さんに電話します。

3　パーティーは、学生だけ来ます。

4　おかねは、先に、はらいます。

問題　4

次のメールを読んで、問題に答えてください。
答えは1・2・3・4の中からいちばんいいものを1つ選んでください。

これは、モハメッドさんとディンさんのメールです。

（モハメッドさんが書いたメール）

> ディンさん、どこですか。
> わたしは、今、電車をおりました。

（ディンさんが書いたメール）

> え、はやいですね。わたしは、まだ、バスの中です。
> あと10分くらいかかります。すみません。

> わかりました。
> わたしは、南口にいますね。

> あ、北口でおねがいします。
> びじゅつかんは、北口にあります。

> 北口ですか。ちょっとわかりません。
> ひばりえきは、大きいですから。

> わかりました。じゃ、そこにいてください。

(32) モハメッドさんは、これから何をしますか。

1　電車をまちます。

2　バスにのります。

3　えきの南口にいます。

4　えきの北口へ行きます。

(33) ディンさんについて、メールの内容と合っているのは、どれですか。

1　えきでモハメッドさんをまっています。

2　これからバスにのります。

3　モハメッドさんとやくそくがあります。

4　びじゅつかんでモハメッドさんにあいます。

問題 5

次の文章を読んで、問題に答えてください。
答えは1・2・3・4の中からいちばんいいものを1つ選んでください。

　わたしは、にちよう日のあさ、よくプールでおよぎます。なつだけではありません。一年中およぎます。30分ぐらいおよいで、10分休みます。そして、また30分およぎます。それから、プールのそばにあるサウナというあたたかいへやで30分くらい休みます。サウナの中でテレビを見たり、人と話したりします。この時間がいちばんすきです。休んだあとで、もういちどプールに入ります。そのときは、およがないで、あるきます。そして、シャワーをあびて、かえります。げつよう日ときんよう日は、プールの中でするダンスきょうしつに行きます。おんがくといっしょにおどります。とてもたのしいです。みずの中は、きもちがいいです。からだがげんきになりますから、これからもずっとつづけたいです。

---

(34)　「この時間」は、どんな時間ですか。

1　およいでいる時間です。

2　サウナでゆっくりしている時間です。

3　ダンスをしている時間です。

4　みずのなかにいる時間です。

(35)　「わたし」について、文章の内容と合っているのは、どれですか。

1　1しゅうかんに2かい、プールへ行きます。

2　あついとき、およぎに行きます。

3　しゅみは、ダンスです。

4　プールでおよがない日があります。

3 漢字問題

A 次のひらがなの漢字を1・2・3・4の中から1つ選んでください。

(36) りゅう学生は、ごにんです。
1 七人 2 九人 3 五人 4 十人

(37) わたしのめがねは、3まんえんです。
1 千円 2 万円 3 円百 4 円千

(38) やまへ行きたいです。
1 東 2 天 3 川 4 山

(39) いえのそとは、さむいです。
1 長 2 外 3 雨 4 後

(40) まいばん、ビールをのみます。
1 毎 2 午 3 気 4 西

B　次の漢字の読み方を１・２・３・４・５・６の中から１つ選んでください。

(41)　きょうは、金よう日です。
　　　1　ど　　　　　　2　すい　　　　　3　もく　　　　4　げつ
　　　5　きん　　　　　6　か

(42)　六時にかえりましょう。
　　　1　さん　　　　　2　に　　　　　　3　ろく　　　　4　よ
　　　5　く　　　　　　6　しち

(43)　ネクタイは、ベッドの上にありますよ。
　　　1　よこ　　　　　2　した　　　　　3　まえ　　　　4　うえ
　　　5　ひだり　　　　6　みぎ

(44)　父は、モンゴルにいます。
　　　1　ちち　　　　　2　あに　　　　　3　そふ　　　　4　おば
　　　5　はは　　　　　6　おじ

(45)　黒いコートをかいました。
　　　1　あおい　　　　2　しろい　　　　3　たかい　　　4　あかい
　　　5　くろい　　　　6　やすい

4　短文作成問題

例のように３つの言葉をならべて、ただしい文を作ってください。
１・２・３・４・５・６の中からいちばんいいものを１つ選んでください。

（例）

これは、【　１．という　　２．てんぷら　　３．りょうり　】です。

　　１　１→２→３　　　２　１→３→２　　　３　２→１→３　　　４　２→３→１
　　５　３→１→２　　　６　３→２→１

ただしい文は、「てんぷら　→　という　→　りょうり」です。
いちばんいいものは「３」です。

| れい | ① | ② | ● | ④ | ⑤ | ⑥ |

（46）

ケーキと【　１．どちらの　　２．ほうが　　３．クッキーと　】すきですか。

　　１　１→２→３　　　２　１→３→２　　　３　２→１→３　　　４　２→３→１
　　５　３→１→２　　　６　３→２→１

（47）

その【　１．きいろい　　２．わたし　　３．セーターは　】のです。

　　１　１→２→３　　　２　１→３→２　　　３　２→１→３　　　４　２→３→１
　　５　３→１→２　　　６　３→２→１

(48)

かおを【　1．みがいて　　2．はを　　3．あらって　】、ねます。

　　1　1→2→3　　2　1→3→2　　3　2→1→3　　4　2→3→1
　　5　3→1→2　　6　3→2→1

(49)

あしたの【　1．ゆきが　　2．あさから　　3．ふる　】でしょう。

　　1　1→2→3　　2　1→3→2　　3　2→1→3　　4　2→3→1
　　5　3→1→2　　6　3→2→1

(50)

【　1．りょうり　　2．ははが　　3．つくった　】は、からかったです。

　　1　1→2→3　　2　1→3→2　　3　2→1→3　　4　2→3→1
　　5　3→1→2　　6　3→2→1

J.TEST

実用日本語検定

聴解試験
ちょうかいしけん

1 写真問題（問題1〜4）

例題

| れい | ● ② ③ ④ | （答えは解答用紙にマークしてください） |

A　問題1

- 24 -

B　問題2

C　問題3

D 問題4

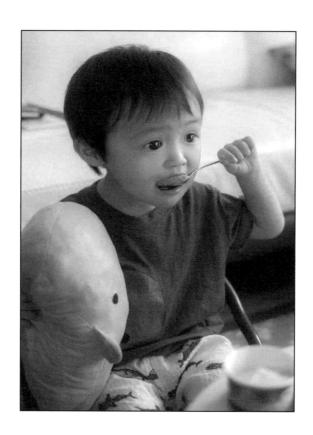

2 聴読解問題 (問題5〜7)

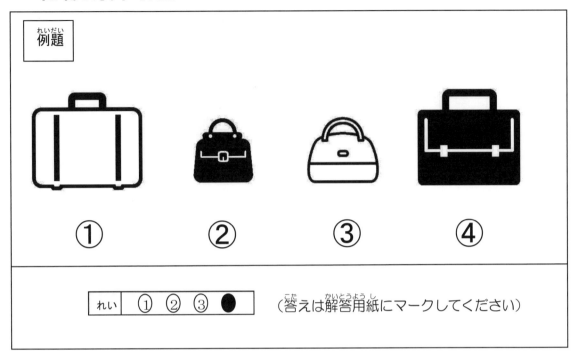

例題

① ② ③ ④

れい　① ② ③ ●　(答えは解答用紙にマークしてください)

E　問題5

1　1時

2　2時

3　2時半

4　3時半

F　問題6

① ② ③ ④

G　問題7

① ② ③ ④

3 応答問題 (問題8〜21)

(問題だけ聞いて答えてください。)

問題 8

問題 9

問題 10

問題 11

問題 12

問題 13

問題 14

問題 15

問題 16

問題 17

問題 18

問題 19

問題 20

問題 21

メモ (MEMO)

4 会話・説明問題 (問題22～31)

<table>
<tr><td>例題</td><td>1　みみがいたいですから
2　あたまがいたいですから
3　はがいたいですから</td></tr>
</table>

れい ① ● ③　（答えは解答用紙にマークしてください）

1

問題22　1　れいぞうこにジュースを入れます。
　　　　2　コップをならべます。
　　　　3　はなをかいに行きます。

問題23　1　おさらとはなです。
　　　　2　はなです。
　　　　3　コップとおさらです。

2

問題24　1　18さいです。
　　　　2　20さいです。
　　　　3　22さいです。

問題25　1　日本語がじょうずです。
　　　　2　きょうだいがいます。
　　　　3　来しゅう、たんじょう日です。

③

問題26　1　おととしです。
　　　　2　きょ年です。
　　　　3　今年です。

問題27　1　どうぶつとあそびます。
　　　　2　きっさてんに入ります。
　　　　3　さんぽします。

問題28　1　さくらの木があります。
　　　　2　ゆうめいなレストランがあります。
　　　　3　いつもとてもにぎやかです。

④

問題29　1　べんきょうします。
　　　　2　パーティーをします。
　　　　3　りょうりをつくります。

問題30　1　としょかんです。
　　　　2　女の人のいえです。
　　　　3　千葉えきです。

問題31　1　男の人は、女の人のうちでおかしをつくります。
　　　　2　男の人は、女の人のうちをしりません。
　　　　3　女の人は、どよう日のよる、うちにいません。

おわり

第2回   （F－G）

実用日本語検定

TEST OF PRACTICAL JAPANESE

J.TEST

受験番号		なまえ	

注　意

試験が始まるまで、この問題用紙を開けないでください。

日本語検定協会／J.TEST事務局

J.TEST

実用日本語検定

読解試験

1 文法・語彙問題

A 次の文の（　　　）に１・２・３・４の中からいちばんいいものを入れてください。

（1）　（　　　）かぎをとってください。
　　　1　あちら　　　　2　そこ　　　　　3　その　　　　　4　こっち

（2）　A：「あのかたは、（　　　）ですか」
　　　B：「わたしのちちです」
　　　1　いかが　　　　2　どなた　　　　3　どこ　　　　　4　どの

（3）　カメラ（　　　）しゃしんをとります。
　　　1　が　　　　　　2　に　　　　　　3　で　　　　　　4　へ

（4）　すいよう日（　　　）本をかえしてください。
　　　1　までに　　　　2　の　　　　　　3　まで　　　　　4　から

（5）　あたたかいおちゃ（　　　）のみたいです。
　　　1　で　　　　　　2　が　　　　　　3　の　　　　　　4　と

（6）　ここでバス（　　　）おります。
　　　1　に　　　　　　2　の　　　　　　3　が　　　　　　4　を

（7）　そうじをしましたから、へやが（　　　）なりました。
　　　1　きれいだ　　　2　きれい　　　　3　きれいな　　　4　きれいに

（8）　きょうは、（　　　）かえります。
　　　1　はやく　　　　2　はやい　　　　3　はやくて　　　4　はやかった

（9）　しゅくだいを（　　　）、ねました。
　　　1　する　　　　　2　しない　　　　3　して　　　　　4　したり

（10）　A：「すみませんが、たばこを（　　　）ください」
　　　B：「はい、すみません」
　　　1　すい　　　　　2　すって　　　　3　すわないで　　4　すう

B　次の文の（　　　）に１・２・３・４の中からいちばんいいものを入れてください。

(11)　きのうは、かよう日です。（　　　）は、げつよう日です。
　　　1　あさって　　　2　きょう　　　3　あした　　　4　おととい

(12)　パソコンが3（　　　）あります。
　　　1　だい　　　2　まい　　　3　びき　　　4　さつ

(13)　おうだんほどうを（　　　）。
　　　1　わたります　2　もうします　3　のぼります　4　わたします

(14)　このえんぴつは、（　　　）です。
　　　1　うるさい　　2　すずしい　　3　わかい　　4　みじかい

(15)　午後からあめですから、（　　　）をもっていきます。
　　　1　スリッパ　　2　かさ　　　3　タクシー　　4　はがき

(16)　ひるごはんは、（　　　）を食べました。
　　　1　レストラン　2　フォーク　　3　ラーメン　　4　コップ

(17)　あしたのあさは、7時に（　　　）ください。
　　　1　わすれて　　2　おぼえて　　3　おきて　　4　ひいて

(18)　ここは、えきにちかいですから、とても（　　　）です。
　　　1　にぎやか　　2　たいへん　　3　ていねい　　4　じょうぶ

(19)　かいしゃまでちかてつで30分（　　　）かかります。
　　　1　など　　　2　ごろ　　　3　たち　　　4　ぐらい

(20)　A：「すみません、このボールペンを（　　　）もいいですか」
　　　B：「ええ、どうぞ」
　　　1　つとめて　　2　かりて　　3　あびて　　4　かけて

C　次の文の＿＿＿＿とだいたい同じ意味のものを１・２・３・４の中から選んでください。

(21)　わたしは、きょうしをしています。
　　　　１　がくせい　　　　　　　　　２　せんせい
　　　　３　かいしゃいん　　　　　　　４　いしゃ

(22)　このもんだいは、やさしいです。
　　　　１　むずかしい　　　　　　　　２　かんたん
　　　　３　ながい　　　　　　　　　　４　おもしろい

(23)　たまごがむっつあります。
　　　　１　さんこ　　　　　　　　　　２　ななこ
　　　　３　ろっこ　　　　　　　　　　４　きゅうこ

(24)　毎あさ、せんたくします。
　　　　１　おふろにはいります　　　　２　シャワーをあびます
　　　　３　はをみがきます　　　　　　４　ふくをあらいます

(25)　あのたかいたてものは、何ですか。
　　　　１　グラス　　　　　　　　　　２　アイス
　　　　３　ビル　　　　　　　　　　　４　ハンカチ

2 読解問題

問題 1

次の文章を読んで、問題に答えてください。

答えは1・2・3・4の中からいちばんいいものを1つ選んでください。

けさ、わたしは、おとうととこうえんへ行きました。11時半から午後1時までテニスをしました。わたしもおとうともテニスがすきです。おとうとは、テニスがとてもじょうずですが、わたしは、あまりじょうずじゃありません。わたしは、やきゅうがいちばんすきです。

---

(26)　何時間、テニスをしましたか。

　　　1　1時間です。

　　　2　1時間半です。

　　　3　2時間です。

　　　4　2時間半です。

(27)　文章の内容と合っているのは、どれですか。

　　　1　「わたし」は、やきゅうがじょうずです。

　　　2　おとうとは、テニスがへたです。

　　　3　ふたりは、やきゅうがいちばんすきです。

　　　4　ふたりは、テニスがすきです。

問題　2

次の文章を読んで、問題に答えてください。
答えは１・２・３・４の中からいちばんいいものを１つ選んでください。

___

　わたしのおばは、アメリカにすんでいます。20年まえ、りゅうがくしたとき、ごしゅじんのマークさんとあって、けっこんしました。おばとマークさんは、子どもがふたりいます。ジョンとエリカです。ジョンは、いま、わたしのいえにすんでいます。今年のはるから、とうきょうの大学でべんきょうしていますから。ジョンは、せがたかくて、ハンサムです。日本語もえい語もできます。わたしは、来年、アメリカの大学に行きたいですから、ジョンにえいごをならっています。でも、ジョンは大学とアルバイトがいそがしいですから、まいしゅうにちよう日、１しゅうかんに１かいです。

___

(28)　ジョンさんは、どんな人ですか。
　　　1　せがひくい人です。
　　　2　アメリカがすきな人です。
　　　3　日本語を話す人です。
　　　4　べんきょうがきらいな人です。

(29)　文章の内容と合っているのは、どれですか。
　　　1　「わたし」は、今年アメリカの大学に行きます。
　　　2　「わたし」は、アルバイトがいそがしいです。
　　　3　エリカさんは、「わたし」のいもうとです。
　　　4　「わたし」は、ジョンさんとべんきょうしています。

問題　3

次のお知らせを読んで、問題に答えてください。
答えは1・2・3・4の中からいちばんいいものを1つ選んでください。

さくらを見ましょう！

こうえんのさくらがさきました。
みんなで　見に行きましょう。

- 4月2日（にちよう日）　11：30〜14：00
  11時に学校のまえに来てください。
  先生とあるいてこうえんに行きます。

- おべんとうとのみものをもって来てください。
  こうえんで食べます。（こうえんにみせはありません）
  おさけ・ビールは、もって来ないでください。

- ともだちは、よばないでください。

---

(30)　こうえんで何をしますか。

1　ビールをのみます。

2　そうじをします。

3　おべんとうを食べます。

4　べんきょうをします。

(31)　お知らせの内容と合っているのは、どれですか。

1　さくらは、4月2日にさきます。

2　こうえんでかいものは、できません。

3　学生は、こうえんで先生にあいます。

4　学生は、じてんしゃで行ってもいいです。

問題　4

次のメールを読んで、問題に答えてください。
答えは1・2・3・4の中からいちばんいいものを1つ選んでください。

これは、まつもとさんとカールさんのメールです。

（まつもとさんが書いたメール）

> カールさん、こんにちは。
> こんしゅうのきんよう日のよる、時間がありますか。

（カールさんが書いたメール）

> まつもとさん、こんにちは。
> きんよう日は、しごとできょうとへ行きます。
> よるは、きょうとのホテルにとまります。

> そうですか。いつ、かえりますか。
> いっしょにてんぷらを食べに行きたいです。

> いいですね。行きましょう。
> どよう日のひるにとうきょうへかえります。

> じゃ、どよう日のよるは、どうですか。
> レストランは、とうきょうえきのちかくです。

> いいですよ。じゃ、どよう日のよる7時に
> とうきょうえきであいましょう。

(32) カールさんは、きんよう日、何をしますか。

    1　まつもとさんとてんぷらを食べます。

    2　しごとできょうとへ行きます。

    3　とうきょうへかえります。

    4　何もしません。

(33) ふたりは、いつあいますか。

    1　きんよう日のよるです。

    2　どよう日のひるです。

    3　どよう日のよるです。

    4　まだわかりません。

問題　5

次の文章を読んで、問題に答えてください。
答えは1・2・3・4の中からいちばんいいものを1つ選んでください。

わたしは、りょうりをつくることがすきです。毎日いそがしいですが、じぶんでりょうりをつくります。ひるごはんは、じぶんでおべんとうをつくって、かいしゃにもっていきます。

子どものとき、ははのたんじょう日にひとりでケーキをつくりました。とても時間がかかりました。でも、はじめてつくったケーキは、おいしかったです。かぞくもみんなおいしかったといいました。そのときから、りょうりがすきです。

ときどき、うちでパーティーをします。りょうりをたくさんつくります。にくがすきですから、にくのりょうりがおおいです。ともだちといっしょにおさけをのんだり、DVD を見たりします。とてもたのしいです。パーティーのあと、わたしはすぐねます。りょうりはすきですが、おさらは、あらいたくないです。そうじは、いつもともだちがします。

---

(34)　「わたし」のしゅみは、何ですか。

　　1　おさけをのむことです。
　　2　パーティーに行くことです。
　　3　DVDを見ることです。
　　4　りょうりをつくることです。

(35)　「わたし」について、文章の内容と合っているのは、どれですか。

　　1　にくをあまり食べません。
　　2　いま、学生じゃありません。
　　3　おかあさんは、よくケーキをつくります。
　　4　ひまなとき、りょうりをします。

3 漢字問題

A 次のひらがなの漢字を1・2・3・4の中から1つ選んでください。

(36) 子どもは、じゅうにんです。
　　　1　八人　　　　　2　十人　　　　　3　三人　　　　　4　四人

(37) このくるまは、2せんまん円です。
　　　1　百千　　　　　2　百万　　　　　3　万千　　　　　4　千万

(38) あめがふっています。
　　　1　川　　　　　　2　小　　　　　　3　雨　　　　　　4　西

(39) かわいいいぬがいます。
　　　1　木　　　　　　2　太　　　　　　3　犬　　　　　　4　休

(40) いいてんきですね。
　　　1　友気　　　　　2　天気　　　　　3　電気　　　　　4　外気

B 次の漢字の読み方を１・２・３・４・５・６の中から１つ選んでください。

(41) きょうは、月よう日です。
1 げつ 　　　 2 きん 　　　 3 ど 　　　 4 か
5 もく 　　　 6 すい

(42) しけんは、九時からです。
1 きゅう 　　　 2 ろく 　　　 3 よ 　　　 4 しち
5 く 　　　 6 なな

(43) カレンダーは、たなの右にありますよ。
1 よこ 　　　 2 ひだり 　　　 3 まえ 　　　 4 した
5 みぎ 　　　 6 うえ

(44) えきの北口にいます。
1 ひがし 　　　 2 きた 　　　 3 みなみ 　　　 4 にし
5 で 　　　 6 いり

(45) 白いシャツがほしいです。
1 あおい 　　　 2 やすい 　　　 3 たかい 　　　 4 くろい
5 あかい 　　　 6 しろい

4 短文作成問題

例のように３つの言葉をならべて、ただしい文を作ってください。
１・２・３・４・５・６の中からいちばんいいものを１つ選んでください。

(例)

これは、【　１．という　　２．てんぷら　　３．りょうり　】です。

１　１→２→３　　２　１→３→２　　３　２→１→３　　４　２→３→１

５　３→１→２　　６　３→２→１

ただしい文は、「てんぷら　→　という　→　りょうり」です。
いちばんいいものは「３」です。

| れい | ① | ② | ● | ④ | ⑤ | ⑥ |

---

(46)

きのう【　１．でんわ　　２．ともだちに　　３．くにの　】をしました。

１　１→２→３　　２　１→３→２　　３　２→１→３　　４　２→３→１

５　３→１→２　　６　３→２→１

(47)

このしんぶんと【　１．しんぶんと　　２．あの　　３　どちらのほうが　】
あたらしいですか。

１　１→２→３　　２　１→３→２　　３　２→１→３　　４　２→３→１

５　３→１→２　　６　３→２→１

(48)
あしたは【　1．　いそがしいと　　2．　いちにちじゅう　　3．　おもいます　】。

　　1　1→2→3　　　2　1→3→2　　　3　2→1→3　　　4　2→3→1
　　5　3→1→2　　　6　3→2→1

(49)
学校でいちばん【　1．　しずかな　　2．　としょしつ　　3．　のは　】です。

　　1　1→2→3　　　2　1→3→2　　　3　2→1→3　　　4　2→3→1
　　5　3→1→2　　　6　3→2→1

(50)
あるき【　1．　食べ　　2．　パンを　　3．　ながら　】ないでください。

　　1　1→2→3　　　2　1→3→2　　　3　2→1→3　　　4　2→3→1
　　5　3→1→2　　　6　3→2→1

J.TEST

実用日本語検定

<ruby>聴<rt>ちょう</rt></ruby> <ruby>解<rt>かい</rt></ruby> <ruby>試<rt>し</rt></ruby> <ruby>験<rt>けん</rt></ruby>

1 写真問題 (問題1〜4)

例題

| れい | ● ② ③ ④ | （答えは解答用紙にマークしてください） |

A　問題1

B 問題2

C 問題3

D　問題4

2 聴読解問題 (問題5~7)

例題

① ② ③ ④

| れい | ① ② ③ ● | （答えは解答用紙にマークしてください） |

E　問題5

1月

にち	げつ	か	すい	もく	きん	ど
			1	2	3	4 ①
5	6 ②	7	8 ③	9	10	11 ④

F　問題6

G　問題7

	やまだ えき	⇒	くろかわ えき	⇒	しまの えき
①	8:00	⇒	⇒	⇒	8:25
	8:05	⇒	8:21	⇒	8:33
②	8:15	⇒	8:31	⇒	8:43
③	8:25	⇒	8:41	⇒	8:53
④	8:30	⇒	⇒	⇒	8:55

じこくひょう

3 応答問題 (問題8〜21)

（問題だけ聞いて答えてください。）

例題1 →	れい	● ② ③	
例題2 →	れい	① ● ③	

（答えは解答用紙にマークしてください）

問題 8

問題 9

問題10

問題11

問題12

問題13

問題14

問題15

問題16

問題17

問題18

問題19

問題20

問題21

メモ (MEMO)

4 会話・説明問題 (問題22〜31)

1

問題22　1　かん国です。
　　　　2　中国です。
　　　　3　日本です。

問題23　1　学生です。
　　　　2　いしゃです。
　　　　3　かいしゃいんです。

2

問題24　1　7時です。
　　　　2　8時です。
　　　　3　8時半です。

問題25　1　カレーです。
　　　　2　パンです。
　　　　3　おべんとうです。

3

問題26　1　ふたりです。
　　　　2　3人です。
　　　　3　4人です。

問題27　1　タミさんです。
　　　　2　リュウさんです。
　　　　3　「わたし」です。

問題28　1　先生をしています。
　　　　2　子どもがいます。
　　　　3　日本語がじょうずです。

4

問題29　1　きょうです。
　　　　2　きのうです。
　　　　3　おとといです。

問題30　1　1かいです。
　　　　2　2かいです。
　　　　3　3かいです。

問題31　1　何か食べるまえに、あかいくすりをのみます。
　　　　2　何も食べないで、あかいくすりをのみます。
　　　　3　何か食べたあとで、あかいくすりをのみます。

おわり

実用日本語検定

TEST OF PRACTICAL JAPANESE

J.TEST

受験番号		なまえ	

注　意

試験が始まるまで、この問題用紙を開けないでください。

日本語検定協会／J.TEST事務局

J.TEST

実用日本語検定

1	文法・語彙問題	問題	(1)～(25)
2	読解問題	問題	(26)～(35)
3	漢字問題	問題	(36)～(45)
4	短文作成問題	問題	(46)～(50)

1 文法・語彙問題

A 次の文の（　　　）に1・2・3・4の中からいちばんいいものを入れてください。

（1） A：「（　　　）かびんは、いかがですか。すてきですよ」
B：「そうですね」
1 こちらの　　　2 あそこ　　　　3 ここ　　　　4 あれ

（2） りんごとみかんと（　　　）がすきですか。
1 いくつ　　　2 どう　　　　3 なぜ　　　　4 どちら

（3） おふろ（　　　）入ります。
1 が　　　　2 に　　　　3 で　　　　4 を

（4） とりがそら（　　　）とんでいます。
1 から　　　2 で　　　　3 を　　　　4 と

（5） けさ、リンさん（　　　）あいました。
1 に　　　　2 へ　　　　3 まで　　　　4 で

（6） さとうさんは、かみ（　　　）ながいです。
1 を　　　　2 が　　　　3 と　　　　4 の

（7） びょういんでは、（　　　）はなしてください。
1 しずかだ　　　2 しずか　　　　3 しずかな　　　4 しずかに

（8） きのうは、あまり（　　　）。
1 さむくなかったです　　　　　　2 さむいです
3 さむかったです　　　　　　　　4 さむくないです

（9） あのバスにのりますから、（　　　）ましょう。
1 いそぐ　　　2 いそぎ　　　　3 いそいだ　　　4 いそいで

（10） タンさんは、よる（　　　）ながら、べんきょうしています。
1 はたらき　　　2 はたらく　　　3 はたらいて　　　4 はたらいた

B 次の文の（　　　）に1・2・3・4の中からいちばんいいものを入れてください。

(11)　きょうは、（　　　）です。あさっては、なのかです。
　　　1　むいか　　　　　2　みっか　　　　　3　いつか　　　　　4　とおか

(12)　かみを 10 （　　　）ください。
　　　1　さつ　　　　　2　だい　　　　　3　ぽん　　　　　4　まい

(13)　カミラさんは、めがねを（　　　）います。
　　　1　きて　　　　　2　かぶって　　　　3　はいて　　　　　4　かけて

(14)　デパートは、人がおおくて、（　　　）でした。
　　　1　にぎやか　　　2　じょうぶ　　　3　ひま　　　　　4　りっぱ

(15)　あの（　　　）をまがってください。
　　　1　しんごう　　　2　おさら　　　　3　くつした　　　4　おなか

(16)　（　　　）をあびました。
　　　1　プール　　　　2　シャワー　　　3　ボタン　　　　4　ワイシャツ

(17)　じゅぎょうを（　　　）ましょう。
　　　1　こまり　　　　2　わかり　　　　3　くもり　　　　4　おわり

(18)　シンさんは、とりにくが（　　　）です。
　　　1　きらい　　　　2　からい　　　　3　きれい　　　　4　わかい

(19)　すみません。（　　　）いちどいってください。
　　　1　もっと　　　　2　また　　　　　3　もう　　　　　4　まだ

(20)　つよいかぜで、ドアが（　　　）。
　　　1　しめました　　2　あけました　　3　しまりました　4　けしました

C　次の文の＿＿＿＿とだいたい同じ意味のものを１・２・３・４の中から選んでください。

(21)　たまごをはっこかいました。
　　　1　みっつ　　　　　　　　　　　2　よっつ
　　　3　むっつ　　　　　　　　　　　4　やっつ

(22)　ゆうべ、かぞくにでんわしました。
　　　1　おととし　　　　　　　　　　2　きのうのばん
　　　3　おととい　　　　　　　　　　4　きのうのあさ

(23)　きのう見たえいがは、おもしろくなかったです。
　　　1　つまらなかった　　　　　　　2　ながかった
　　　3　むずかしかった　　　　　　　4　たのしかった

(24)　そのペンをとってください。
　　　1　わたしにください　　　　　　2　つかってください
　　　3　もってください　　　　　　　4　おいてください

(25)　浜田さんのごしゅじんは、ベトナム人です。
　　　1　おとうさん　　　　　　　　　2　おっと
　　　3　おくさん　　　　　　　　　　4　おば

2 読解問題

問題 1

次の文章を読んで、問題に答えてください。
答えは1・2・3・4の中からいちばんいいものを1つ選んでください。

　わたしのうちのちかくに大きいこうえんがあります。わたしは、午前5時におきて、そ
れからこのこうえんをさんぽします。あめの日は、行きません。いつもひとりですが、休
みの日は、つまといっしょです。こうえんの中を1時間くらいゆっくりあるいて、それか
ら、きのしたにすわってコーヒーをのみます。つまは、こうちゃです。とてもたのしい時
間です。

---

(26)　「わたし」は、いつこうえんへ行きますか。
　　　1　あさです。
　　　2　ひるです。
　　　3　ゆうがたです。
　　　4　よるです。

(27)　「わたし」について、文章の内容と合っているのは、どれですか。
　　　1　こうちゃがすきです。
　　　2　いつも「わたし」のつまとさんぽします。
　　　3　てんきがいい日、こうえんへ行きます。
　　　4　「わたし」のうちからこうえんまであるいて1時間くらいです。

問題　2

次の文章を読んで、問題に答えてください。
答えは1・2・3・4の中からいちばんいいものを1つ選んでください。

　どよう日、友だちとバスでうみへ行きました。うみは、人がとてもおおかったです。うみのみずはとてもきれいで、小さいさかなもいました。わたしたちは、うみでおよいで、それからレストランでひるごはんを食べました。わたしは、カレーを食べて、ジュースをのみました。友だちは、ラーメンを食べて、ビールをのみました。たくさんしゃしんをとりました。つかれましたから、つぎの日は、たくさんねました。午後、スーパーへかいものに行きました。パンやくだものなどをかいました。

---

(28)　どよう日、「わたし」は、何を食べましたか。
　　　1　カレーです。
　　　2　ラーメンです。
　　　3　パンです。
　　　4　くだものです。

(29)　にちよう日、「わたし」は、何をしましたか。
　　　1　うみへ行きました。
　　　2　バスにのりました。
　　　3　しゃしんをとりました。
　　　4　スーパーへ行きました。

問題　3

次のお知らせを読んで、問題に答えてください。

答えは1・2・3・4の中からいちばんいいものを1つ選んでください。

よつば　スポーツクラブ

6月からあたらしいクラスができます。

みなさん、いっしょにうんどうしましょう。

<Aクラス>

1か月　5000円

9：00〜11：00

（まいしゅう　げつ・もく）

<Bクラス>

1か月　6000円

19：00〜21：00

（まいしゅう　か・きん）

<学生クラス>

1か月　4000円

9：00〜11：30

（まいしゅう　か・きん）

※　学生しょうを見せてください

※　クラスに入りたい人は

① ID（パスポートなど）

② お金

をもって、5月15日までに

うけつけに来てください。

カードをつくります。

---

(30)　江口さんは、毎日午前9時から午後6時まではたらいています。

　　　どのクラスがいいですか。

　　　1　Aクラスです。

　　　2　Bクラスです。

　　　3　学生クラスです。

　　　4　Aクラスか学生クラスです。

(31)　お知らせの内容と合っているのは、どれですか。

　　　1　Aクラスがいちばんやすいです。

　　　2　学生クラスは、1かい2時間うんどうします。

　　　3　クラスに入った人は、カードがもらえます。

　　　4　クラスに入りたい人は、6月にお金をはらいます。

問題　4

次のメールを読んで、問題に答えてください。
答えは１・２・３・４の中からいちばんいいものを１つ選んでください。

これは、シェリルさんとコウさんのメールです。

（シェリルさんが書いたメール）

12日に河野さんのいえでパーティーがあります。
コウさんも行きませんか。

（コウさんが書いたメール）

ありがとうございます。
でも、その日は、午後９時までアルバイトがあります。それからでもいいですか。

いいとおもいます。
わたしも８時までアルバイトですから。
河野さんのいえは、しまだえきのちかくです。
しまだえきでまっていますから、いっしょに行きましょう。

はい。えきまでたぶん１時間くらいかかるとおもいます。何かもって行きますか。

コンビニでのみものをかって行きましょう。

わかりました。

(32)　シェリルさんとコウさんは、どこであいますか。
　　　1　河野さんのいえです。
　　　2　アルバイトのみせです。
　　　3　しまだえきです。
　　　4　コンビニです。

(33)　ふたりは、何時ごろ河野さんのいえに行きますか。
　　　1　午後1時です。
　　　2　午後8時です。
　　　3　午後9時です。
　　　4　午後10時です。

問題　5

次の文章を読んで、問題に答えてください。
答えは1・2・3・4の中からいちばんいいものを1つ選んでください。

　わたしの友だちの今田さんと中本さんは、フィリピンでえい語をべんきょうしています。今田さんの学校は、8月1日から31日までなつ休みです。学生は、りょこうをしたり、うみであそんだり、いろいろなことができます。　(ア) 中本さんの学校は、休みが1しゅう間しかありません。なつ休みのしゅくだいもたくさんあります。りょこうはできませんが、べんきょうはたくさんできます。

　来年、わたしもえい語のべんきょうに行きたいです。中本さんは、じぶんの学校がいいといいました。先生がしんせつで、おしえかたがじょうずですから。そして、いつもえい語ではなしますから、えい語がとてもじょうずになるといいました。

　でも、わたしは、(イ) 今田さんの学校がいいとおもいます。べんきょうもたいせつですが、がい国でいろいろなことをしたいですから。

---

(34)　(ア)「中本さんの学校」は、どんな学校ですか。
1　なつ休みがありません。
2　学生がべんきょうしません。
3　しゅくだいがおおいです。
4　先生は、えい語があまりじょうずじゃありません。

(35)　どうして(イ)「今田さんの学校がいいとおもいます」か。
1　なつ休みがみじかいですから
2　先生がしんせつですから
3　えい語がじょうずになりたいですから
4　べんきょうだけしたくないですから

3 漢字問題

A 次のひらがなの漢字を1・2・3・4の中から1つ選んでください。

(36) しけんは、しちがつです。
1 八月 　　　　　2 七月 　　　　　3 九月 　　　　　4 六月

(37) これは、ひゃくまん円です。
1 百千 　　　　　2 百万 　　　　　3 万千 　　　　　4 千万

(38) みなみ口であいましょう。
1 外 　　　　　　2 北 　　　　　　3 南 　　　　　　4 西

(39) みずをのみます。
1 木 　　　　　　2 川 　　　　　　3 火 　　　　　　4 水

(40) いいくるまですね。
1 東 　　　　　　2 車 　　　　　　3 早 　　　　　　4 員

B 次の漢字の読み方を1・2・3・4・5・6の中から1つ選んでください。

(41) きょうは、火よう日です。
1 か　　　　　2 げつ　　　　3 ど　　　　　4 きん
5 もく　　　　6 すい

(42) 十時にねます。
1 よん　　　　2 ろく　　　　3 とお　　　　4 はち
5 じゅう　　　6 なな

(43) 左を見てください。
1 みぎ　　　　2 ひだり　　　3 そと　　　　4 した
5 まえ　　　　6 うえ

(44) 父は、いしゃです。
1 そふ　　　　2 おじ　　　　3 あね　　　　4 ちち
5 そぼ　　　　6 はは

(45) 赤いネクタイをかいました。
1 たかい　　　2 やすい　　　3 ながい　　　4 あおい
5 あかい　　　6 しろい

4　短文作成問題

例のように３つの言葉をならべて、ただしい文を作ってください。
１・２・３・４・５・６の中からいちばんいいものを１つ選んでください。

（例）

これは、【　１．という　　２．てんぷら　　３．りょうり　】です。

　１　１→２→３　　２　１→３→２　　３　２→１→３　　４　２→３→１
　５　３→１→２　　６　３→２→１

ただしい文は、「てんぷら　→　という　→　りょうり」です。
いちばんいいものは「３」です。

| れい | ① | ② | ● | ④ | ⑤ | ⑥ |

---

(46)

ケーキを【　１．まえに　　２．食べる　　３．てを　】あらいます。

　１　１→２→３　　２　１→３→２　　３　２→１→３　　４　２→３→１
　５　３→１→２　　６　３→２→１

(47)

ノートは【　１．いすの　　２．きょうしつの　　３．うえに　】ありました。

　１　１→２→３　　２　１→３→２　　３　２→１→３　　４　２→３→１
　５　３→１→２　　６　３→２→１

(48)

いもうとに【　1．から　　2．スカートを　　3．かいます　】、デパートへ行きます。

　　1　1→2→3　　　2　1→3→2　　　3　2→1→3　　　4　2→3→1
　　5　3→1→2　　　6　3→2→1

(49)

ジャンさんは【　1．はなしを　　2．しらない　　3．この　】とおもいます。

　　1　1→2→3　　　2　1→3→2　　　3　2→1→3　　　4　2→3→1
　　5　3→1→2　　　6　3→2→1

(50)

北海道を【　1．りょこうしたり　　2．のぼったり　　3．ふじ山に　】したいです。

　　1　1→2→3　　　2　1→3→2　　　3　2→1→3　　　4　2→3→1
　　5　3→1→2　　　6　3→2→1

J.TEST

実用日本語検定

<ruby>聴<rt>ちょう</rt></ruby> <ruby>解<rt>かい</rt></ruby> <ruby>試<rt>し</rt></ruby> <ruby>験<rt>けん</rt></ruby>

1 写真問題 （問題1～4）

例題

| れい | ● ② ③ ④ | （答えは解答用紙にマークしてください） |

A　問題1

B 問題2

C 問題3

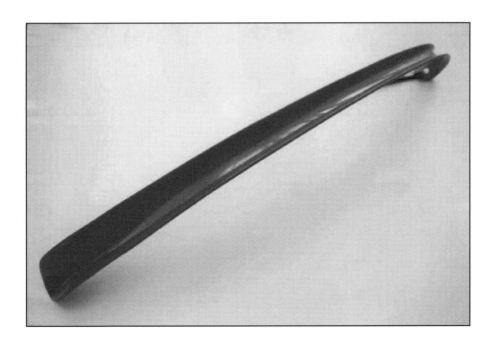

2 聴読解問題 (問題5〜7)

例題

① ② ③ ④

れい ① ② ③ ●　（答えは解答用紙にマークしてください）

E　問題5

① 7時10分

② 7時30分

③ 8時10分

④ 8時30分

F　問題6

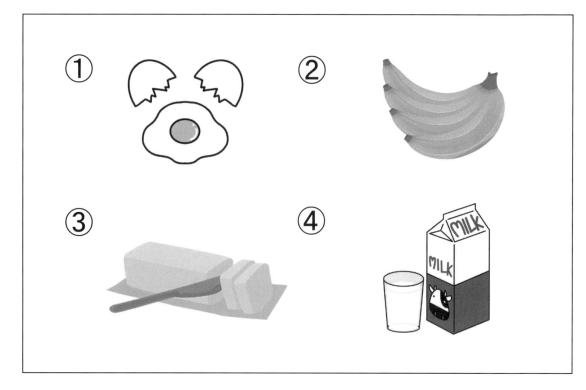

G　問題7

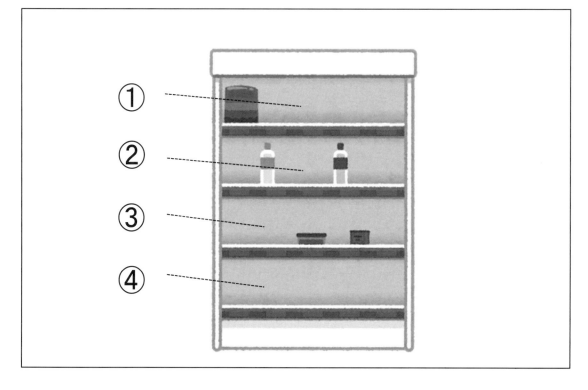

3 応答問題 (問題8〜21)

(問題だけ聞いて答えてください。)

例題1 → れい1 ● ② ③
例題2 → れい2 ① ● ③

(答えは解答用紙にマークしてください)

問題 8

問題 9

問題10

問題11

問題12

問題13

問題14

問題15

問題16

問題17

問題18

問題19

問題20

問題21

メモ (MEMO)

4 会話・説明問題 (問題22〜31)

例題
1 みみがいたいですから
2 あたまがいたいですから
3 はがいたいですから

れい ① ● ③ (答えは解答用紙にマークしてください)

1
問題22　1　えきです。
　　　　2　こうえんです。
　　　　3　きっさてんです。

問題23　1　あついコーヒーです。
　　　　2　つめたいコーヒーです。
　　　　3　あついコーヒーとケーキです。

2
問題24　1　きょねんです。
　　　　2　おととしです。
　　　　3　3年まえです。

問題25　1　今、大学生です。
　　　　2　日本人の友だちがいます。
　　　　3　べんきょうは、あまりたのしくないです。

3

問題26　1　じぶんのいえです。
　　　　2　大学です。
　　　　3　何も食べませんでした。

問題27　1　午前中だけでした。
　　　　2　午後だけでした。
　　　　3　午前も午後もありました。

問題28　1　テレビを見ました。
　　　　2　しょくじしました。
　　　　3　べんきょうしました。

4

問題29　1　学校です。
　　　　2　スーパーです。
　　　　3　レストランです。

問題30　1　レストランのなまえです。
　　　　2　学校のちかくにあります。
　　　　3　おいしいおべんとうをうっています。

問題31　1　いえのちかくでアルバイトをしています。
　　　　2　あたらしいアルバイトをしたいとおもっています。
　　　　3　男の人といっしょにはたらいています。

おわり

実用日本語検定

TEST OF PRACTICAL JAPANESE

J.TEST

受験番号		なまえ	

注　意

試験が始まるまで、この問題用紙を開けないでください。

日本語検定協会／J.TEST事務局

J.TEST

実用日本語検定

読解試験
<small>どっかいしけん</small>

1　文法・語彙問題　　　問題　　（1）〜（25）

2　読解問題　　　　　　問題　（26）〜（35）

3　漢字問題　　　　　　問題　（36）〜（45）

4　短文作成問題　　　　問題　（46）〜（50）

1　文法・語彙問題

A　次の文の（　　　）に１・２・３・４の中からいちばんいいものを入れてください。

（1）　橋本：「みなさん、（　　　）は、さくらびょういんのチン先生です」
　　　チン：「はじめまして」
　　　　　１　あれ　　　　　２　こちら　　　　　３　その　　　　　４　そこ

（2）　中島　：「（　　　）かさが、サリーさんのですか」
　　　サリー：「くろいのです」
　　　　　１　どの　　　　　２　だれ　　　　　３　いくつ　　　　　４　なぜ

（3）　ヨウさんは、15さい（　　　）なりました。
　　　　　１　が　　　　　２　に　　　　　３　か　　　　　４　へ

（4）　これは、小さいですが、それ（　　　）、大きいですよ。
　　　　　１　も　　　　　２　は　　　　　３　が　　　　　４　と

（5）　それは、ナイフ（　　　）きってください。
　　　　　１　を　　　　　２　が　　　　　３　の　　　　　４　で

（6）　バス（　　　）のって、出かけます。
　　　　　１　も　　　　　２　で　　　　　３　を　　　　　４　に

（7）　かぞくは、とても（　　　）とおもいます。
　　　　　１　たいせつだ　　２　たいせつ　　　３　たいせつな　　４　たいせつに

（8）　小池さんは、ぜんぜん（　　　）です。
　　　　　１　わるくて　　　２　わるい　　　　３　わるくない　　４　わるかった

（9）　じしょを（　　　）ないでください。
　　　　　１　つかい　　　　２　つかって　　　３　つかった　　　４　つかわ

（10）　（　　　）まえに、めがねをかけます。
　　　　　１　べんきょうする　　　　　　　　２　べんきょうして
　　　　　３　べんきょうした　　　　　　　　４　べんきょうしない

B　次の文の（　　　）に１・２・３・４の中からいちばんいいものを入れてください。

(11)　きのうは、ようかです。（　　　）は、なのかです。
　　　1　あした　　　　2　きょう　　　　3　おととい　　　4　あさって

(12)　ボールペンを3（　　　）ください。
　　　1　だい　　　　　2　まい　　　　　3　ぼん　　　　　4　びき

(13)　かぜが（　　　）います。
　　　1　わたって　　　2　ふって　　　　3　はれて　　　　4　ふいて

(14)　ちちは、ははより（　　　）です。
　　　1　ながい　　　　2　ぬるい　　　　3　わかい　　　　4　うすい

(15)　おいしい（　　　）ですね。
　　　1　め　　　　　　2　みかん　　　　3　しんごう　　　4　はこ

(16)　（　　　）をきて、かいしゃに行きます。
　　　1　テーブル　　　2　ワイシャツ　　3　フォーク　　　4　ラジオ

(17)　あつかったですから、うみで（　　　）ました。
　　　1　およぎ　　　　2　しめ　　　　　3　わたし　　　　4　見せ

(18)　大学のしょくどうには、（　　　）りょうりがあります。
　　　1　げんきな　　　2　しずかな　　　3　ハンサムな　　4　いろいろな

(19)　きのうは、いちにち（　　　）いそがしかったです。
　　　1　たち　　　　　2　ごろ　　　　　3　しか　　　　　4　中

(20)　となりのへやの人がいつも（　　　）、こまってます。
　　　1　うるさくて　　2　すずしくて　　3　きいろくて　　4　ひくくて

C　次の文の＿＿＿とだいたい同じ意味のものを１・２・３・４の中から選んでください。

(21)　わたしは、おさけがきらいです。
　　　1　りんごやバナナ　　　　　　　2　ビールやワイン
　　　3　あめやクッキー　　　　　　　4　ジュースやおちゃ

(22)　グラスをとってください。
　　　1　コップ　　　　　　　　　　　2　おさら
　　　3　コピー　　　　　　　　　　　4　はいざら

(23)　今、8時ちょうどです。
　　　1　まえ　　　　　　　　　　　　2　すぎ
　　　3　0分　　　　　　　　　　　　4　30分

(24)　浜野さんは、学校につとめています。
　　　1　でれんしゅうして　　　　　　2　ではたらいて
　　　3　でうたって　　　　　　　　　4　でべんきょうして

(25)　パソコンをかいたいです。
　　　1　がほしい　　　　　　　　　　2　がきたない
　　　3　がじょうぶ　　　　　　　　　4　がかるい

2 読解問題

問題 1

次の文章を読んで、問題に答えてください。
答えは1・2・3・4の中からいちばんいいものを1つ選んでください。

わたしのなまえは、クリスです。フランス人です。おととし日本へ来ました。あかね大学でフランス語をおしえています。げつよう日ともくよう日ときんよう日、大学ではたらきます。クラスは、日本人がおおいですが、りゅう学生もいます。わたしは、日本のワインがすきです。休みの日、フランス人の友だちとうちでゆっくりします。そのとき、ワインをのみます。日本のせいかつは、たのしいです。

---

(26)　「わたし」は、1しゅうかんに何かい大学でおしえますか。
　　　1　まい日です。
　　　2　3かいです。
　　　3　4かいです。
　　　4　5かいです。

(27)　「わたし」について、文章の内容と合っているのは、どれですか。
　　　1　日本のせいかつがすきじゃありません。
　　　2　フランス語のクラスは、日本人だけです。
　　　3　1ねんまえに日本へ来ました。
　　　4　ときどき国の友だちとあいます。

問題 2

次の文章を読んで、問題に答えてください。
答えは1・2・3・4の中からいちばんいいものを1つ選んでください。

わたしは、きのうしごとを休みました。子どもがびょうきでしたから。あさ、かいしゃにでんわして、休むといいました。それから、子どもの学校にもでんわしました。9時にくるまでびょういんに行きました。いしゃは、かぜだといいました。くすりをもらって、10時半ごろうちへかえりました。子どもはくすりをのんで、ねました。わたしは、ひとりでスーパーへ行きました。12時にひるごはんをつくって、子どもといっしょに食べました。子どもは、たくさん食べて、それから、べんきょうしました。午後は、ねませんでした。

---

(28)　「わたし」は、どこではたらいていますか。

　　　1　かいしゃです。

　　　2　びょういんです。

　　　3　スーパーです。

　　　4　学校です。

(29)　「わたし」の子どもは、午前中、何をしましたか。

　　　1　ごはんを食べました。それから、べんきょうしました。

　　　2　学校にでんわしました。それから、かいものに行きました。

　　　3　びょういんへ行きました。それから、うちでねました。

　　　4　くすりをのみました。それから、ごはんを食べました。

問題　3

次のお知らせを読んで、問題に答えてください。

答えは１・２・３・４の中からいちばんいいものを１つ選んでください。

まいにち　やすい！　スーパーなかた

- ７月20日（げつよう日）〜22日（すいよう日）

  たまご（10こ）100円！　ぎゅうにゅう（1L）98円！

- ７月23日（もくよう日）〜26日（にちよう日）

  こめ（10キロ）　1980円！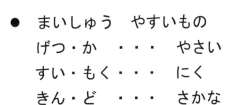

- まいしゅう　やすいもの
  げつ・か　・・・　やさい
  すい・もく・・・　にく
  きん・ど　・・・　さかな

---

(30)　たまごととりにくをおなじ日にかいます。やすいのは、いつですか。

1　７月21日です。

2　７月22日です。

3　７月25日です。

4　７月26日です。

(31)　７月24日にかいものします。何がやすいですか。

1　こめだけです。

2　こめとさかなです。

3　こめとやさいです。

4　こめとにくです。

問題　4

次のメールを読んで、問題に答えてください。
答えは1・2・3・4の中からいちばんいいものを1つ選んでください。

これは、チンさんとタムさんのメールです。

（チンさんが書いたメール）

> タムさん、こんにちは。
> きのうのえいがは、おもしろかったですか。

（タムさんが書いたメール）

> はい。とてもおもしろかったです。
> きょうもおなじえいがを見に行きます。
> いっしょに行きませんか。

> きょうの午後は、学校へさちこ先生にあいに行きます。
> ゆうがたからよるまで、アルバイトです。
> あしたは、どうですか。

> あしたは、あねのたんじょう日プレゼントをかいに行きますが、そのあとは、ひまです。午後2時は、どうですか。

> だいじょうぶです。

> じゃ、2時にえいがかんの入りぐちで。

---

(32)　タムさんは、きのう、何をしましたか。

　　　1　アルバイトをしました。

　　　2　先生にあいました。

　　　3　おねえさんとかいものしました。

　　　4　えいがを見ました。

(33)　チンさんは、あした、何をしますか。

　　　1　タムさんとえいがかんであいます。

　　　2　タムさんのプレゼントをかいます。

　　　3　タムさんのうちへ行きます。

　　　4　学校で先生と話します。

問題　5

次の文章を読んで、問題に答えてください。
答えは１・２・３・４の中からいちばんいいものを１つ選んでください。

　あしたは、あさ９時から日本語のテストがあります。なつ休みのまえの大きなテストです。ぶんぽうとことばとかんじの書くテストです。午後は、かいわのテストです。クラスの友だちは、こんばん、たくさんべんきょうするといいましたが、わたしは、できません。きょうしつにきょうかしょとノートとふでばこが入っているかばんをわすれたからです。ですから、あしたのあさ、はやく学校に行って、べんきょうします。こんばん、べんきょうできませんが、きのう休みでしたから、うちで３時間べんきょうしました。先生は、やさしいテストだといいました。ですから、だいじょうぶだとおもいます。でも、しんぱいなのは、かいわのテストです。これから、日本人の友だちとかいわのれんしゅうをします。れんしゅうがおわったら、テレビを見ないで、はやくねます。

---

(34)　「わたし」は、どうしてこんばんべんきょうしませんか。
　　1　先生がテストはやさしいといいましたから
　　2　はやくねたいですから
　　3　うちにきょうかしょやノートがありませんから
　　4　友だちとやくそくがありますから

(35)　文章の内容と合っているのは、どれですか。
　　1　あした、書くテストのあとで、話すテストがあります。
　　2　「わたし」は、べんきょうしないで、テストをうけます。
　　3　学校の友だちは、「わたし」より日本語がじょうずです。
　　4　「わたし」の日本人の友だちは、学校の先生です。

3 漢字問題

A　次のひらがなの漢字を１・２・３・４の中から１つ選んでください。

(36)　ごがつは、あたたかいです。
　　　1　四月　　　　　2　八月　　　　　3　五月　　　　　4　九月

(37)　ぜんぶで6せん円です。
　　　1　千　　　　　　2　百　　　　　　3　万　　　　　　4　毎

(38)　かわであそびます。
　　　1　天　　　　　　2　北　　　　　　3　雨　　　　　　4　川

(39)　えきのにしぐちであいましょう。
　　　1　南　　　　　　2　東　　　　　　3　西　　　　　　4　電

(40)　くるまがすきです。
　　　1　名　　　　　　2　田　　　　　　3　白　　　　　　4　車

B　次の漢字の読み方を１・２・３・４・５・６の中から１つ選んでください。

(41)　きょうは、二日です。
　　　　1　ふっか　　　　2　にか　　　　　3　ににち　　　　4　ふつか
　　　　5　いつか　　　　6　いちにち

(42)　水をください。
　　　　1　つち　　　　　2　みず　　　　　3　さかな　　　　4　かね
　　　　5　ひ　　　　　　6　き

(43)　ペンは、つくえの下にありますよ。
　　　　1　うえ　　　　　2　ひだり　　　　3　まえ　　　　　4　よこ
　　　　5　した　　　　　6　みぎ

(44)　あそこにわたしの兄がいます。
　　　　1　あね　　　　　2　あに　　　　　3　はは　　　　　4　ちち
　　　　5　おとうと　　　6　いもうと

(45)　赤いじてんしゃをあげました。
　　　　1　やすい　　　　2　あたらしい　　3　あおい　　　　4　ふるい
　　　　5　たかい　　　　6　あかい

4　短文作成問題

例のように３つの言葉をならべて、ただしい文を作ってください。
１・２・３・４・５・６の中からいちばんいいものを１つ選んでください。

（例）

これは、【　１．という　　２．てんぷら　　３．りょうり　】です。

１　１→２→３　　２　１→３→２　　３　２→１→３　　４　２→３→１
５　３→１→２　　６　３→２→１

ただしい文は、「てんぷら　→　という　→　りょうり」です。
いちばんいいものは「３」です。

| れい | ① | ② | ● | ④ | ⑤ | ⑥ |

---

(46)

きのう、【　１．シャツを　　２．りんごを　　３．10こと　】かいました。

１　１→２→３　　２　１→３→２　　３　２→１→３　　４　２→３→１
５　３→１→２　　６　３→２→１

(47)

あにのへやより【　１．ほうが　　２．へやの　　３．わたしの　】きれいです。

１　１→２→３　　２　１→３→２　　３　２→１→３　　４　２→３→１
５　３→１→２　　６　３→２→１

(48)

きのうは、スポーツを【　1．したり　　2．行ったり　　3．さんぽに　】しました。

　　1　1→2→3　　2　1→3→2　　3　2→1→3　　4　2→3→1
　　5　3→1→2　　6　3→2→1

(49)

【　1．来るか　　2．おくさんが　　3．リックさんの　】来ないか、わかりますか。

　　1　1→2→3　　2　1→3→2　　3　2→1→3　　4　2→3→1
　　5　3→1→2　　6　3→2→1

(50)

おとうとは、あの【　1．みじかい　　2．かみが　　3．人　】です。

　　1　1→2→3　　2　1→3→2　　3　2→1→3　　4　2→3→1
　　5　3→1→2　　6　3→2→1

J.TEST

実用日本語検定

<ruby>聴<rt>ちょう</rt></ruby> <ruby>解<rt>かい</rt></ruby> <ruby>試<rt>し</rt></ruby> <ruby>験<rt>けん</rt></ruby>

1 写真問題 (問題1〜4)

例題

| れい | ● ② ③ ④ |

（答えは解答用紙にマークしてください）

A 問題1

B　問題2

C　問題3

D　問題4

2 聴読解問題 (問題5〜7)

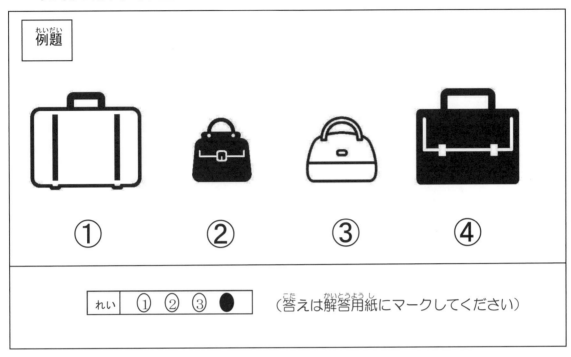

例題

① ② ③ ④

れい　① ② ③ ●　（答えは解答用紙にマークしてください）

E　問題5

① ② ③ ④

F 問題6

G 問題7

3 応答問題 （問題8〜21）

（問題だけ聞いて答えてください。）

れい	●	②	③
れい	①	●	③

例題1 →
例題2 →

（答えは解答用紙にマークしてください）

問題 8

問題 9

問題10

問題11

問題12

問題13

問題14

問題15

問題16

問題17

問題18

問題19

問題20

問題21

メモ（MEMO）

4 会話・説明問題 (問題22〜31)

例題
1 みみがいたいですから
2 あたまがいたいですから
3 はがいたいですから

れい ① ● ③ （答えは解答用紙にマークしてください）

1

問題22　1　レストランです。
　　　　2　かいしゃです。
　　　　3　いえです。

問題23　1　女の人にでんわをかけます。
　　　　2　レストランへ行きます。
　　　　3　いえで女の人をまちます。

2

問題24　1　半年です。
　　　　2　1年です。
　　　　3　1年半です。

問題25　1　きょうしです。
　　　　2　かんごしです。
　　　　3　ぎんこういんです。

3

問題26 1 サッカーです。
　　　2 やきゅうです。
　　　3 スキーです。

問題27 1 テレビを見ました。
　　　2 友だちとあそびました。
　　　3 やきゅうをしました。

問題28 1 おとうさんは、サッカーがじょうずです。
　　　2 テニスは、2ばんめにすきです。
　　　3 ふゆは、すんでいるまちでスキーができます。

4

問題29 1 はたらきます。
　　　2 しょくじします。
　　　3 うちへかえります。

問題30 1 中国りょうりがすきじゃありません。
　　　2 ひるごはんは、カレーでした。
　　　3 からいりょうりがすきです。

問題31 1 おいしいみせをしっています。
　　　2 かん国りょうりをあまり食べません。
　　　3 きょう、よていがあります。

おわり

実用日本語検定

TEST OF PRACTICAL JAPANESE

J.TEST

受験番号		なまえ	

注　意

試験が始まるまで、この問題用紙を開けないでください。

日本語検定協会／J.TEST事務局

J.TEST

実用日本語検定

> ## 読解試験

1　文法・語彙問題　　　問題　　（1）〜（25）

2　読解問題　　　　　　問題　（26）〜（35）

3　漢字問題　　　　　　問題　（36）〜（45）

4　短文作成問題　　　　問題　（46）〜（50）

1 文法・語彙問題

A　次の文の（　　　　）に１・２・３・４の中からいちばんいいものを入れてください。

（1）　（　　　　）かさは、わたしのじゃありません。
　　　　　１　あれ　　　　　２　ここ　　　　　３　そちら　　　　　４　その

（2）　いぬとねこと（　　　）がすきですか。
　　　　　１　おいくつ　　　２　どなた　　　　３　いかが　　　　４　どっち

（3）　ボールペン（　　　）なまえを書きました。
　　　　　１　は　　　　　　２　で　　　　　　３　と　　　　　　４　を

（4）　5時にいえ（　　　）出ました。
　　　　　１　は　　　　　　２　も　　　　　　３　を　　　　　　４　に

（5）　わたしは、ビール（　　　）きらいです。
　　　　　１　を　　　　　　２　が　　　　　　３　の　　　　　　４　で

（6）　わたしもあね（　　　）ぎんこういんです。
　　　　　１　も　　　　　　２　や　　　　　　３　を　　　　　　４　に

（7）　うたが（　　　）人は、酒井さんです。
　　　　　１　じょうずだ　　２　じょうずで　　３　じょうず　　　４　じょうずな

（8）　きのうは、とても（　　　）です。
　　　　　１　あつかった　　２　あつくて　　　３　あつい　　　　４　あつくない

（9）　おさけを（　　　）ながら、話しませんか。
　　　　　１　飲み　　　　　２　飲む　　　　　３　飲んで　　　　４　飲まない

（10）　ごはんを（　　　）あとで、はをみがきます。
　　　　　１　食べ　　　　　２　食べる　　　　３　食べて　　　　４　食べた

B　次の文の（　　　）に１・２・３・４の中からいちばんいいものを入れてください。

(11)　きょうは、きんよう日です。あしたは、（　　　）です。
　　　１　げつよう日　　　２　にちよう日　　　３　どよう日　　　４　もくよう日

(12)　いけに魚が３（　　　）います。
　　　１　だい　　　　　　２　まい　　　　　　３　かい　　　　　　４　びき

(13)　ギターを（　　　）います。
　　　１　すわって　　　　２　ひいて　　　　　３　まがって　　　　４　つとめて

(14)　きのうのパーティーは、（　　　）です。
　　　１　かるかった　　　２　ふとかった　　　３　ひくかった　　　４　つまらなかった

(15)　これは、（　　　）をつけて、食べてください。
　　　１　しお　　　　　　２　はる　　　　　　３　いろ　　　　　　４　まど

(16)　ふゆ休みに（　　　）に行きませんか。
　　　１　カレー　　　　　２　コピー　　　　　３　スキー　　　　　４　スカート

(17)　りかさんは、（　　　）をかぶっています。
　　　１　ネクタイ　　　　２　ぼうし　　　　　３　めがね　　　　　４　とけい

(18)　これは、わたしの国の（　　　）おかしです。
　　　１　しんせつな　　　２　ゆうめいな　　　３　ひまな　　　　　４　いやな

(19)　ひこうきは、しんかんせん（　　　）はやいです。
　　　１　など　　　　　　２　より　　　　　　３　まだ　　　　　　４　だけ

(20)　くらいですね。電気を（　　　）ください。
　　　１　あけて　　　　　２　しめて　　　　　３　つけて　　　　　４　けして

C　次の文の_____とだいたい同じ意味のものを１・２・３・４の中から選んでください。

(21)　トイレは、どこですか。
　　　　1　おふろ　　　　　　　　　　2　だいどころ
　　　　3　おてあらい　　　　　　　　4　かいだん

(22)　えい語のクラスがあります。
　　　　1　テスト　　　　　　　　　　2　じゅぎょう
　　　　3　ノート　　　　　　　　　　4　しゅくだい

(23)　どうして日本に来ましたか。
　　　　1　だれと　　　　　　　　　　2　なぜ
　　　　3　いつ　　　　　　　　　　　4　どこから

(24)　このえんぴつは、みじかいです。
　　　　1　あまりふとくないです　　　2　あまりうすくないです
　　　　3　あまり長くないです　　　　4　あまりほそくないです

(25)　中島さんは、スペイン語がわかります。
　　　　1　ができます　　　　　　　　2　をおしえます
　　　　3　をならいます　　　　　　　4　がへたです

2 読解問題

問題 1

次の文章を読んで、問題に答えてください。
答えは1・2・3・4の中からいちばんいいものを1つ選んでください。

　サムさんは、毎あさ30分ぐらいジョギングをします。それからシャワーをあびます。そのあと、あさごはんをつくります。パンとたまごです。7時ごろ、おくさんと子どもたちがおきます。4人みんなであさごはんを食べます。サムさんとおくさんは、コーヒーを飲みます。子どもたちは、ミルクを飲みます。休みの日、サムさんは、子どもたちといっしょにちかくのかわへ行きます。

---

(26)　サムさんの子どもは、何人ですか。

　　1　ひとりです。
　　2　ふたりです。
　　3　3人です。
　　4　4人です。

(27)　サムさんについて、文章の内容と合っているのは、どれですか。

　　1　シャワーをあびてから、コーヒーを飲みます。
　　2　いつもひとりでかわへ行きます。
　　3　あさごはんを食べません。
　　4　毎日7時ごろおきます。

問題 2

次の文章を読んで、問題に答えてください。
答えは1・2・3・4の中からいちばんいいものを1つ選んでください。

　わたしのうちは、にぎやかなまちにあります。きょねんからひとりですんでいます。ちか

てつの駅は、うちからあるいて5分です。駅のまえにとしょかんとスーパーがあります。う

ちのとなりは、コンビニです。わたしはしごとがいそがしいですから、ごはんをつくりませ

ん。ごはんは、コンビニで買います。にちよう日、いつもとしょかんで本を読みます。でも、

先週のにちよう日は、わたしのうちに友だちが来て、いっしょにえいがを見ました。とても

たのしかったです。

---

(28)　「わたし」のうちは、どんなところにありますか。

　　　1　あかるいところです。

　　　2　さむいところです。

　　　3　べんりなところです。

　　　4　しずかなところです。

(29)　にちよう日、「わたし」は、何をしますか。

　　　1　ごはんをつくります。

　　　2　としょかんへ行きます。

　　　3　しごとをします。

　　　4　えいがかんへ行きます。

問題　3

次のあんないを読んで、問題に答えてください。
答えは1・2・3・4の中からいちばんいいものを1つ選んでください。

おうみやデパート　ごあんない

6かい・7かい	えいがかん
5かい	本や　／　レストラン（すし・てんぷら）
4かい	電気や　／　スポーツようひん
3がい	男の人のふく・くつ・かばん
2かい	女の人のふく
1かい	女の人のくつ・かばん・けしょうひん
ちか1かい	スーパー　／　きっさてん

(30) 日本りょうりを食べたいです。何がいに行きますか。

　　1　ちか1かいです。

　　2　1かいです。

　　3　5かいです。

　　4　6かいです。

(31) あににネクタイを買いたいです。何がいに行きますか。

　　1　2かいです。

　　2　3がいです。

　　3　5かいです。

　　4　6かいです。

問題 4

次のメールを読んで、問題に答えてください。
答えは1・2・3・4の中からいちばんいいものを1つ選んでください。

これは、河合さんとチョウさんのメールです。

（河合さんが書いたメール）

> チョウさん、こんにちは。今、本やにいます。
> チョウさんがすきなざっしがありますよ。

（チョウさんが書いたメール）

> え！　ほんとうですか。
> それ、ほしいです。どこの本やですか。
> 今から行きます。

> ひがしまちの「まるやしょてん」です。
> わたしが買いましょうか。
> チョウさんのうちからは、ちょっととおいでしょう？

> ありがとうございます。
> じゃ、おねがいします。

> 来週、学校であげますね。

> あ、すぐ読みたいですから、こんばん7時ごろ
> 河合さんのうちへもらいに行きます。いいですか。

> よるは、アルバイトがありますから、
> あしたのあさ来てください。

---

(32) チョウさんは、これから何をしますか。

    1 マンガを買います。

    2 河合さんと会います。

    3 本やへ行きます。

    4 何もしません。

(33) 河合さんは、いつチョウさんにざっしをあげますか。

    1 今からです。

    2 きょうのよるです。

    3 あしたです。

    4 来週 です。

問題　5

次の文章を読んで、問題に答えてください。
答えは１・２・３・４の中からいちばんいいものを１つ選んでください。

わたしは、日本語学校の学生です。国で１年間日本語をべんきょうして、今年の４月に日本に来ました。おなじクラスにいろいろな国の学生がいますが、クラスでいちばんの友だちは、かん国人のキムさんです。キムさんは、とてもじょうずに日本語を話します。でも、わたしは、書くことや読むことはできますが、日本語を話すことは、まだまだへたです。聞くこともへたです。学校の先生の日本語はわかりますが、ちかくのスーパーの男の人の日本語は、とてもむずかしいです。でも、そのおじさんは、いつもわたしにいろいろなことを言います。はじめてひとりでスーパーに行ったとき、ぜんぜんわかりませんでした。ですから、今、いつもキムさんとそのスーパーへ行きます。もっとべんきょうして、ひとりでスーパーに行って、スーパーのおじさんと話したいです。

---

(34)　「わたし」は、どうして「いつもキムさんとそのスーパーへ行きます」か。
1　キムさんがしっているスーパーですから
2　スーパーの人がすきじゃありませんから
3　スーパーの人は、かん国人ですから
4　スーパーの人の話がよくわかりませんから

(35)　「わたし」について、文章の内容と合っているのは、どれですか。
1　日本に来て、はじめて日本語をべんきょうしました。
2　学校の先生の日本語は、むずかしいです。
3　日本語を話したり、聞いたりすることがへたです。
4　クラスには、中国人の学生しかいません。

3　漢字問題

A　次のひらがなの漢字を1・2・3・4の中から1つ選んでください。

(36)　くがつは、すずしいです。
　　　1　六月　　　　　2　九月　　　　　3　五月　　　　　4　七月

(37)　ひとつ、3びゃく円です。
　　　1　千　　　　　　2　万　　　　　　3　百　　　　　　4　午

(38)　きれいなそらですね。
　　　1　川　　　　　　2　空　　　　　　3　南　　　　　　4　天

(39)　ビルのひがしぐちにいます。
　　　1　道　　　　　　2　車　　　　　　3　東　　　　　　4　北

(40)　めがいたいです。
　　　1　口　　　　　　2　田　　　　　　3　白　　　　　　4　目

B　次の漢字の読み方を１・２・３・４・５・６の中から１つ選んでください。

(41)　きょうは、火ようびです。
　　　1　すい　　　　　2　にち　　　　　3　ど　　　　　4　きん
　　　5　か　　　　　　6　もく

(42)　八時になりました。
　　　1　しちじ　　　　2　じゅうじ　　　3　ごじ　　　　4　はちじ
　　　5　よじ　　　　　6　さんじ

(43)　右を見てください。
　　　1　した　　　　　2　ひだり　　　　3　まえ　　　　4　みぎ
　　　5　よこ　　　　　6　うえ

(44)　わたしの母は、50さいです。
　　　1　いもうと　　　2　はは　　　　　3　おとうと　　4　ちち
　　　5　あに　　　　　6　あね

(45)　このじしょは、古いです。
　　　1　あおい　　　　2　あたらしい　　3　ふるい　　　4　たかい
　　　5　やすい　　　　6　あかい

4 短文作成問題

例のように3つの言葉をならべて、ただしい文を作ってください。
1・2・3・4・5・6の中からいちばんいいものを1つ選んでください。

(例)

これは、【 1. という　　2. てんぷら　　3. りょうり　】です。

1　1→2→3　　2　1→3→2　　3　2→1→3　　4　2→3→1

5　3→1→2　　6　3→2→1

ただしい文は、「てんぷら　→　という　→　りょうり」です。
いちばんいいものは「3」です。

| れい | ① | ② | ● | ④ | ⑤ | ⑥ |

(46)

A：【 1. どう　　2. きのうの　　3. てんきは 】でしたか。

B：　雨でした。

1　1→2→3　　2　1→3→2　　3　2→1→3　　4　2→3→1

5　3→1→2　　6　3→2→1

(47)

しごとがたくさん【 1. はやく　　2. から　　3. あります 】来てください。

1　1→2→3　　2　1→3→2　　3　2→1→3　　4　2→3→1

5　3→1→2　　6　3→2→1

(48)

レストランと【　1．ぎんこうの　　2．デパートが　　3．あいだに　】あります。

1　1→2→3　　2　1→3→2　　3　2→1→3　　4　2→3→1

5　3→1→2　　6　3→2→1

(49)

あの【　1．たかくて　　2．きれいな人は　　3．せが　】、タインさんです。

1　1→2→3　　2　1→3→2　　3　2→1→3　　4　2→3→1

5　3→1→2　　6　3→2→1

(50)

わたしの【　1．えを　　2．しゅみは　　3．かく　】ことです。

1　1→2→3　　2　1→3→2　　3　2→1→3　　4　2→3→1

5　3→1→2　　6　3→2→1

J.TEST

実用日本語検定

聴　解　試　験

1 写真問題 (問題1〜4)

例題

| れい | ● | ② | ③ | ④ |

（答えは解答用紙にマークしてください）

A　問題1

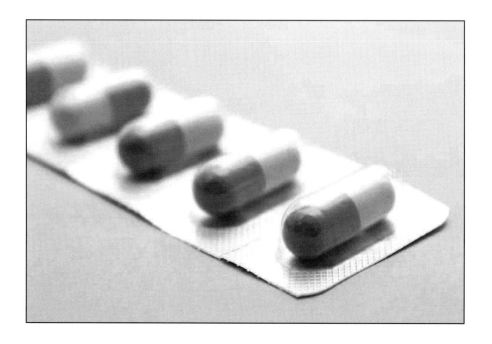

B 　問題2

C 　問題3

D 問題4

2 聴読解問題 (問題5〜7)

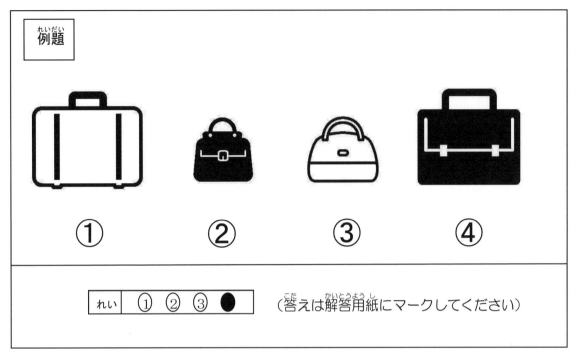

例題

① ② ③ ④

れい　① ② ③ ●　（答えは解答用紙にマークしてください）

E　問題5

① 2つ

② 4つ

③ 6つ

④ 8つ

F 問題6

G 問題7

3 応答問題 （問題8〜21）

（問題だけ聞いて答えてください。）

問題 8

問題 9

問題10

問題11

問題12

問題13

問題14

問題15

問題16

問題17

問題18

問題19

問題20

問題21

メモ（MEMO）

4 会話・説明問題 (問題22〜31)

例題	1 みみがいたいですから
	2 あたまがいたいですから
	3 はがいたいですから

れい ① ● ③ (答えは解答用紙にマークしてください)

1

問題22　1　電しゃで5分です。
　　　　2　バスで10分です。
　　　　3　あるいて15分です。

問題23　1　あるいてびょういんへ行きます。
　　　　2　電しゃにのります。
　　　　3　うちへかえります。

2

問題24　1　1日です。
　　　　2　3日です。
　　　　3　5日です。

問題25　1　きょうからです。
　　　　2　あしたからです。
　　　　3　来週からです。

3

問題26　1　エンジニアです。
　　　　2　学生です。
　　　　3　会社いんです。

問題27　1　おかあさんです。
　　　　2　おかあさんとおとうとさんです。
　　　　3　ごりょうしんです。

4

問題28　1　これからです。
　　　　2　こんばんです。
　　　　3　あしたのゆうがたです。

問題29　1　花です。
　　　　2　ケーキです。
　　　　3　ハンカチです。

5

問題30　1　500円です。
　　　　2　1500円です。
　　　　3　2000円です。

問題31　1　駅です。
　　　　2　ゆうびんきょくです。
　　　　3　としょかんです。

おわり

実用日本語検定

TEST OF PRACTICAL JAPANESE

J.TEST

受験番号		なまえ	

注　意

試験が始まるまで、この問題用紙を開けないでください。

日本語検定協会／J．TEST事務局

J.TEST

実用日本語検定

読解試験

1 文法・語彙問題

A 次の文の（　　　）に1・2・3・4の中からいちばんいいものを入れてください。

（1）　A：「すみません、トイレは？」

　　　B：「（　　　）にありますよ」

　　　1　こちらの　　　2　あれ　　　　　3　そこ　　　　　4　あの

（2）　中島さんは、（　　　）人ですか。

　　　1　いつ　　　　　2　どの　　　　　3　いくつ　　　　4　どこ

（3）　はがき（　　　）きってをはりました。

　　　1　に　　　　　　2　で　　　　　　3　が　　　　　　4　を

（4）　あたらしいかばん（　　　）ほしいです。

　　　1　の　　　　　　2　と　　　　　　3　に　　　　　　4　が

（5）　へやにだれ（　　　）いません。

　　　1　は　　　　　　2　が　　　　　　3　も　　　　　　4　で

（6）　くだもの（　　　）みかんがいちばんすきです。

　　　1　も　　　　　　2　で　　　　　　3　と　　　　　　4　や

（7）　ジェシカさんは、（　　　）、おもしろいです。

　　　1　きれい　　　　2　きれいで　　　3　きれいな　　　4　きれいに

（8）　えんぴつが（　　　）なりました。

　　　1　みじかい　　　2　みじかくない　3　みじか　　　　4　みじかく

（9）　国に（　　　）まえに、大きいかばんを買いました。

　　　1　かえる　　　　2　かえった　　　3　かえって　　　4　かえり

（10）　きょうしつでえい語を（　　　）ないでください。

　　　1　話さ　　　　　2　話し　　　　　3　話す　　　　　4　話せ

B　次の文の（　　　　）に１・２・３・４の中からいちばんいいものを入れてください。

(11)　きょうは、よっかです。あしたは、（　　　）です。
　　　1　みっか　　　　2　いつか　　　　3　ここのか　　　4　とおか

(12)　かみを３（　　　）とってください。
　　　1　こ　　　　　　2　だい　　　　　3　さつ　　　　　4　まい

(13)　くつを（　　　）ください。
　　　1　ぬいで　　　　2　きて　　　　　3　かぶって　　　4　して

(14)　このりょうりは、（　　　）です。
　　　1　せまい　　　　2　くらい　　　　3　うるさい　　　4　からい

(15)　先げつわたしは、（　　　）になりました。
　　　1　ねつ　　　　　2　びょうき　　　3　どうぶつ　　　4　ラジオ

(16)　きのう、（　　　）に行って、およぎました。
　　　1　ポケット　　　2　パソコン　　　3　ラーメン　　　4　プール

(17)　テーブルに（　　　）をならべましょう。
　　　1　もん　　　　　2　くち　　　　　3　さら　　　　　4　かど

(18)　大阪は、とても（　　　）まちです。
　　　1　じょうぶな　　2　にぎやかな　　3　いろいろな　　4　ひまな

(19)　おとうとは、（　　　）テレビを見ています。
　　　1　しか　　　　　2　より　　　　　3　まだ　　　　　4　たち

(20)　おうだんほどうを（　　　）ましょう。
　　　1　でかけ　　　　2　わたり　　　　3　うたい　　　　4　ひき

C　次の文の＿＿＿とだいたい同じ意味のものを１・２・３・４の中から選んでください。

(21)　あそこに<u>しょくどう</u>があります。
　　　1　レストラン　　　　　　　　2　学校
　　　3　こうばん　　　　　　　　　4　びょういん

(22)　あさ、<u>いつも</u>コーヒーを飲みます。
　　　1　ゆっくり　　　　　　　　　2　すぐに
　　　3　よく　　　　　　　　　　　4　少し

(23)　<u>おととし</u>、けっこんしました。
　　　1　2かげつまえ　　　　　　　2　2年まえ
　　　3　3かげつまえ　　　　　　　4　3年まえ

(24)　この本は、<u>おもしろくない</u>です。
　　　1　いい　　　　　　　　　　　2　やさしい
　　　3　つまらない　　　　　　　　4　おもい

(25)　こうえん<u>をさんぽします</u>。
　　　1　をそうじします　　　　　　2　をはしります
　　　3　でねます　　　　　　　　　4　をあるきます

2　読解問題

問題　1

次の文章を読んで、問題に答えてください。
答えは1・2・3・4の中からいちばんいいものを1つ選んでください。

わたしは、毎あさ7時半にいえを出ます。ひがし駅まで15分ぐらいあるきます。それから、ちかてつに20分ぐらいのります。ちかてつをおりてから、駅の中のパンやであさごはんを食べます。ときどき、そこでひるごはんも買います。パンやから会社までは、あるいて5分です。会社は、9時からはじまります。

---

(26)　「わたし」のうちからひがし駅までどのくらいかかりますか。
1　5分です。
2　15分です。
3　20分です。
4　30分です。

(27)　「わたし」について、文章の内容と合っているのは、どれですか。
1　あるいて会社へ行きます。
2　7時におきます。
3　いえであさごはんを食べません。
4　毎日パンやでひるごはんを買います。

問題　2

次の文章を読んで、問題に答えてください。
答えは1・2・3・4の中からいちばんいいものを1つ選んでください。

　ナタポンさん、お元気ですか。日本は、今、とてもあついです。きのうは、ともだちとちかくのうみへ行きました。日本のうみは、あまりきれいじゃありません。人が多かったですから、およぎませんでした。きょねん、いっしょにタイのうみへ行きましたね。タイのうみは、とてもあおくて、きれいでした。しゃしんをたくさんとりましたね。また、いっしょに行きたいです。また、てがみを書きます。

---

(28)　「わたし」は、きのう、何をしましたか。

　　1　しゃしんをとりました。
　　2　てがみを書きました。
　　3　ナタポンさんに会いました。
　　4　うみへ行きました。

(29)　タイのうみは、どうでしたか。

　　1　あまりきれいじゃありませんでした。
　　2　とてもあつかったです。
　　3　うみの水があおかったです。
　　4　人が多かったです。

問題 3

次のメモを読んで、問題に答えてください。

答えは1・2・3・4の中からいちばんいいものを1つ選んでください。

リムさんの一日

7：00	おきます
8：30	学校へ行きます
9：00 ～ 12：00	ぶんぽうをならいます
12：00 ～ 1：00	ひる休み
1：00 ～ 2：30	かんじをならいます
5：00 ～ 9：00	スーパーでアルバイトをします
10：00	うちへかえります
11：30	ねます

(30) リムさんは、何時間べんきょうしますか。

1　1時間半です。

2　3時間です。

3　4時間です。

4　4時間半です。

(31) リムさんについて、メモの内容と合っているのは、どれですか。

1　あさ、はたらいています。

2　かんごしです。

3　ひる休みは、12時からです。

4　うちでべんきょうします。

問題 4

次のメールを読んで、問題に答えてください。
答えは1・2・3・4の中からいちばんいいものを1つ選んでください。

これは、田村さんとミラさんのメールです。

（田村さんが書いたメール）

> 今、しごとでミラさんの会社のちかくにいます。これから、かいぎです。しごとのあとで、いっしょにばんごはんを食べませんか。

（ミラさんが書いたメール）

> いいですね。そうしましょう。何時ごろおわりますか。

> 6時におわります。

> わかりました。
> じゃ、6時半に駅まえにしましょうか。

> いいえ、わたしがミラさんの会社のビルまで行きますよ。
> ここから10分くらいですから。

> わかりました。じゃ、ビルの1かいでまっていますね。わたしもしごとは6時までですから。ビルのちかにおいしいラーメンやがあります。そこに行きましょう。

> いいですね。じゃ、あとで。

---

(32) 田村さんは、これからまず、何をしますか。

    1　ラーメンを食べます。

    2　駅へ行きます。

    3　かいぎに出ます。

    4　ミラさんの会社へ行きます。

(33) ふたりは、何時に会いますか。

    1　6時です。

    2　6時10分です。

    3　6時30分です。

    4　6時50分です。

問題　5

次の文章を読んで、問題に答えてください。
答えは1・2・3・4の中からいちばんいいものを1つ選んでください。

わたしのうちにくろいいぬがいます。なまえは、ココアです。わたしより大きいです。休みの日、わたしは、ココアとこうえんへ行きます。ボールであそんだり、いっしょにはしったりします。ココアがいちばんすきなのは、水であそぶことです。今年のなつは、とてもあつかったですから、かぞくで川へ行きました。ココアは、一日中とても元気でした。来年は、うみへ行きたいです。うちには、タマというねこもいます。タマは、わたしがうまれるまえから、うちにいます。わたしのおねえさんです。タマは、ひとりであそぶのがすきです。毎日、あさ、そとへ行って、よる、かえってきます。わたしとあそびません。でも、ねるときは、わたしのベッドへ来て、いっしょにねます。どちらもとてもかわいいです。

---

(34)　「わたし」は、タマと何をしますか。

1　ボールであそびます。
2　川へ行きます。
3　いっしょにねます。
4　さんぽします。

(35)　ココアについて、文章の内容と合っているのは、どれですか。

1　小さくて、かわいいいぬです。
2　ひる、うちにいません。
3　水であそぶことがすきです。
4　「わたし」がうまれるまえから、うちにいます。

3 漢字問題

A 次のひらがなの漢字を1・2・3・4の中から1つ選んでください。

(36) <u>しがつ</u>は、さくらがきれいです。
    1 三月   2 八月   3 四月   4 十月

(37) ひとつ、5<u>せん</u>円です。
    1 午   2 万   3 百   4 千

(38) きょうは、<u>あめ</u>でした。
    1 花   2 山   3 雨   4 天

(39) <u>みなみ</u>の国へ行きたいです。
    1 南   2 西   3 東   4 北

(40) <u>みみ</u>がいたいです。
    1 足   2 耳   3 友   4 目

B　次の漢字の読み方を１・２・３・４・５・６の中から１つ選んでください。

(41)　きょうは、金ようびです。
　　　　1　げつ　　　　2　きん　　　　3　ど　　　　4　にち
　　　　5　もく　　　　6　か

(42)　九時にねます。
　　　　1　しちじ　　　2　ろくじ　　　3　くじ　　　4　ななじ
　　　　5　よじ　　　　6　きゅうじ

(43)　ペンは、つくえの上にあります。
　　　　1　うえ　　　　2　ひだり　　　3　みぎ　　　4　まえ
　　　　5　おく　　　　6　した

(44)　わたしの父は、会社いんです。
　　　　1　あね　　　　2　あに　　　　3　おとうと　　4　ちち
　　　　5　はは　　　　6　いもうと

(45)　安いかさを買いました。
　　　　1　あたらしい　2　たかい　　　3　あおい　　　4　ふるい
　　　　5　やすい　　　6　しろい

4 短文作成問題

例のように３つの言葉をならべて、ただしい文を作ってください。
１・２・３・４・５・６の中からいちばんいいものを１つ選んでください。

(例)

これは、【　１．という　　２．てんぷら　　３．りょうり　】です。

　１　１→２→３　　２　１→３→２　　３　２→１→３　　４　２→３→１
　５　３→１→２　　６　３→２→１

ただしい文は、「てんぷら　→　という　→　りょうり」です。
いちばんいいものは「３」です。

| れい | ① | ② | ● | ④ | ⑤ | ⑥ |

---

(46)

その【　１．シャツは　　２．わたし　　３．あおい　】のです。

　１　１→２→３　　２　１→３→２　　３　２→１→３　　４　２→３→１
　５　３→１→２　　６　３→２→１

(47)

とりにくと【　１．ほうが　　２．どちらの　　３．ぶたにくと　】たかいですか。

　１　１→２→３　　２　１→３→２　　３　２→１→３　　４　２→３→１
　５　３→１→２　　６　３→２→１

(48)

【　1．こうちゃを　　2．つめたい　　3．2つ　】とビールをください。

　　1　1→2→3　　　2　1→3→2　　　3　2→1→3　　　4　2→3→1
　　5　3→1→2　　　6　3→2→1

(49)

【　1．おんがくを　　2．ながら　　3．きき　】、しゅくだいをします。

　　1　1→2→3　　　2　1→3→2　　　3　2→1→3　　　4　2→3→1
　　5　3→1→2　　　6　3→2→1

(50)

わたしは【　1．サッカー　　2．1しゅうかんに　　3．3かい　】をします。

　　1　1→2→3　　　2　1→3→2　　　3　2→1→3　　　4　2→3→1
　　5　3→1→2　　　6　3→2→1

J.TEST

実用日本語検定

聴解試験
ちょう かい し けん

1	写真問題 しゃしんもんだい	問題　　1〜　4
2	聴読解問題 ちょうどっかいもんだい	問題　　5〜　7
3	応答問題 おうとうもんだい	問題　　8〜21
4	会話・説明問題 かいわ せつめいもんだい	問題　22〜31

1 写真問題 (問題1~4)

れい	● ② ③ ④	（答えは解答用紙にマークしてください）

A　問題1

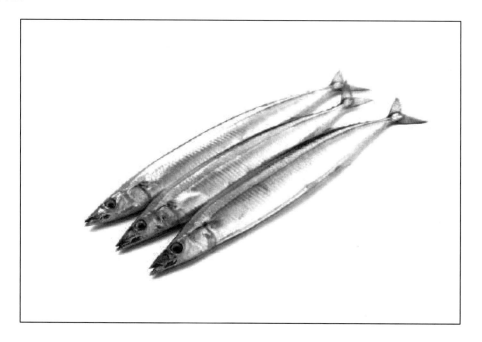

B 　問題2

C 　問題3

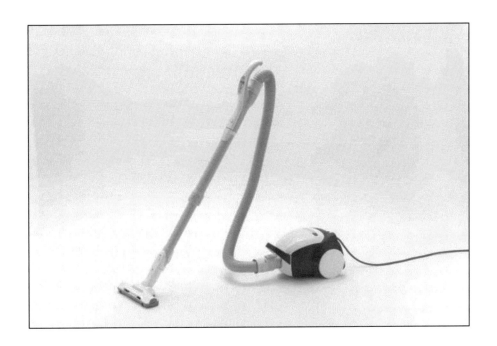

D　問題4

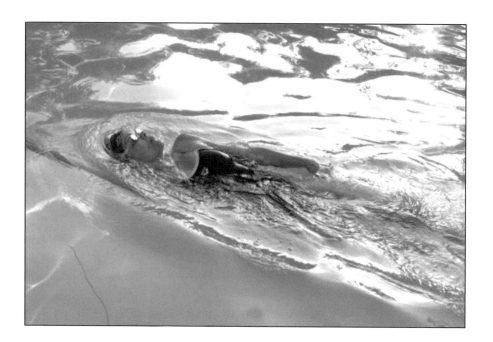

2 聴読解問題 (問題5〜7)

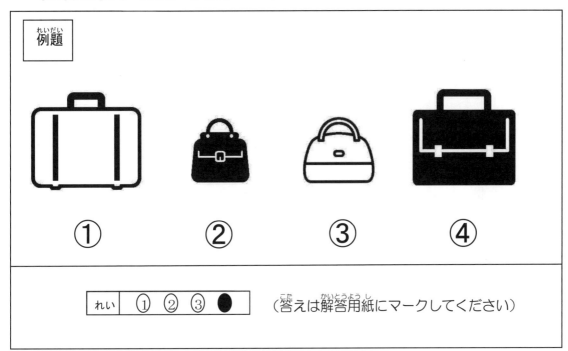

例題

① ② ③ ④

れい　① ② ③ ●　（答えは解答用紙にマークしてください）

E　問題5

① 　1かい

② 　2かい

③ 　5かい

④ 　8かい

F 　問題6

G 　問題7

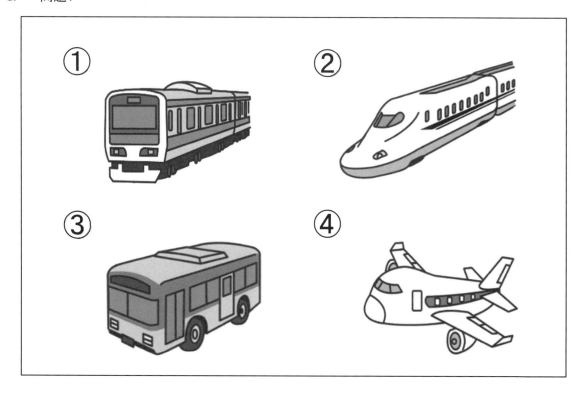

3 応答問題 (問題8〜21)

(問題だけ聞いて答えてください。)

問題 8

問題 9

問題10

問題11

問題12

問題13

問題14

問題15

問題16

問題17

問題18

問題19

問題20

問題21

メモ（MEMO）

4 会話・説明問題 (問題22〜31)

1

問題22　1　バナナです。

2　りんごです。

3　バナナとりんごです。

問題23　1　250円です。

2　600円です。

3　750円です。

2

問題24　1　10時10分です。

2　10時15分です。

3　10時20分です。

問題25　1　りょこうです。

2　さんぽです。

3　かいものです。

3

問題26　1　「わたし」です。
　　　　2　アデルさんです。
　　　　3　ゆきさんです。

問題27　1　かさです。
　　　　2　シャツです。
　　　　3　ケーキです。

4

問題28　1　びょういんへ行きます。
　　　　2　くすりを買います。
　　　　3　学校へ電話します。

問題29　1　きょう、学校を休みます。
　　　　2　男の人とびょういんへ行きます。
　　　　3　学校の電話ばんごうをしっています。

5

問題30　1　外国でべんきょうしたいですから
　　　　2　エミリーさんと話したいですから
　　　　3　しごとでえい語をつかいますから

問題31　1　すきなおんがくをききます。
　　　　2　おなじえいがをたくさん見ます。
　　　　3　毎日ニュースを読みます。

おわり

第1回 J.TEST実用日本語検定（F−Gレベル）
正解とスクリプト

■ 読解問題　175点

《 文法・語彙問題 》 各3点（75点）			《 読解問題 》 各5点（50点）	《漢字問題》 各3点（30点）		《短文作成問題》 各4点（20点）
1) 2	11) 4	21) 3	26) 3	36) 3	41) 5	46) 5
2) 2	12) 3	22) 2	27) 1	37) 2	42) 3	47) 2
3) 3	13) 3	23) 1	28) 4	38) 4	43) 4	48) 6
4) 4	14) 2	24) 2	29) 1	39) 2	44) 1	49) 3
5) 1	15) 4	25) 3	30) 2	40) 1	45) 5	50) 4
6) 3	16) 1		31) 4			
7) 3	17) 1		32) 3			
8) 1	18) 3		33) 3			
9) 2	19) 3		34) 2			
10) 4	20) 4		35) 4			

■ 聴解問題　175点

《写真問題》 各5点（20点）	《聴読解問題》 各5点（15点）	《 応答問題 》 各5点（70点）	《 会話・説明問題 》 各7点（70点）
1) 1	5) 4	8) 2	22) 1
2) 2	6) 2	9) 1	23) 2
3) 2	7) 3	10) 1	24) 3
4) 4		11) 2	25) 2
		12) 3	26) 1
		13) 3	27) 3
		14) 2	28) 1
		15) 3	29) 2
		16) 1	30) 3
		17) 2	31) 2
		18) 1	
		19) 1	
		20) 3	
		21) 1	

写真問題

例題の写真を見てください。
例題　これは何ですか。
1　コップです。
2　いすです。
3　ノートです。
4　えんぴつです。

いちばんいいものは 1 です。ですから、
例のように 1 をマークします。

Aの写真を見てください。
問題1　これは、何ですか。
1　いぬです。
2　ねこです。
3　とりです。
4　さかなです。

Bの写真を見てください。
問題2　ここは、どこですか。
1　えいがかんです。
2　おうだんほどうです。
3　こうばんです。
4　やおやです。

Cの写真を見てください。
問題3　これで何をしますか。
1　そうじします。
2　せんたくします。
3　うんどうします。
4　かいものします。

Dの写真を見てください。
問題4　男の子は、何をしていますか。
1　フォークで食べています。
2　はしで食べています。
3　手で食べています。
4　スプーンで食べています。

聴読解問題

例題を見てください。
男の人と女の人が話しています。

問題　男の人のかばんは、どれですか。
———————————————————
男：わたしのかばんは、くろくて、大きいです。
女：これですか。
男：ええ、そうです。
———————————————————
問題　男の人のかばんは、どれですか。

いちばんいいものは 4 です。ですから、
例のように 4 をマークします。

Eを見てください。
女の人と男の人が話しています。

問題5　かいぎは、何時におわりますか。
———————————————————
女：かいぎは、何時からですか。
男：2 時、いいえ、2 時半です。
女：何時までですか。
男：3 時半までです。
女：1 時間ですね。
男：そうです。
———————————————————
問題5　かいぎは、何時におわりますか。

Fを見てください。
女の人と男の人が話しています。

問題6　二人は、何で行きますか。
———————————————————
女：雨ですから、バスが来ませんね。
男：ええ。タクシーも。
女：じゃ、ちかてつにしますか。
男：ちかてつは、もっと時間がかかりますよ。
女：じゃ、あるきましょう。
男：あ、バスが来ました。
女：よかった。
———————————————————
問題6　二人は、何で行きますか。

Gを見てください。
男の人と女の人が話しています。

問題7　男の人は、何を食べますか。
――――――――――――――――――――――
男：ぼくは、カレーかラーメンがいいなあ。
女：わたしは、ハンバーグ。
男：あ、ハンバーグも食べたいなあ…。
女：何にしますか。
男：ユミさんと同じにします。それから、ビールも。
女：わかりました。
――――――――――――――――――――――
問題7　男の人は、何を食べますか。

例題1　おはようございます。
1　おはようございます。
2　おやすみなさい。
3　さようなら。

例題2　おしごとは？
　　　　―かいしゃいんです。
1　わたしもかいしゃいんじゃありません。
2　わたしもかいしゃいんです。
3　わたしもいしゃです。

いちばんいいものは、例題1は1、例題2は2です。
ですから、例題1は1を、例題2は2を例のように
マークします。

問題8　あのかたは、日本人ですか。
1　はい、日本です。
2　いいえ、中国人です。
3　いいえ、あのかたじゃありません。

問題9　すきなスポーツは？
1　やきゅうです。
2　フィルムです。
3　カメラです。

問題10　だれと来ましたか。
1　ひとりで来ました。
2　はい、そうです。
3　電車で来ました。

問題11　かぜをひきました。
1　げんきですね。
2　だいじょうぶですか。
3　こちらです。

問題12　きってをください。
1　なんぼんですか。
2　なんだいですか。
3　なんまいですか。

問題13　ごめんください。
1　ごちそうさま。
2　こちらこそ。
3　いらっしゃい。

問題１４　ここでしゃしんをとらないでください。
1　あそこですか。
2　すみません。
3　いいですよ。

問題１５　いっしょに出かけませんか。
1　こちらこそ。
2　はい、どうぞ。
3　いいですね。

問題１６　ベトナム語がわかりますか。
1　ええ、すこし。
2　ええ、たくさん。
3　ええ、ときどき。

問題１７　もう昼ごはんを食べましたか。
1　パンです。
2　まだです。
3　食べたいです。

問題１８　さむいですね。
1　まどをしめましょう。
2　おちゃをのみましたから。
3　ドアをあけましょうか。

問題１９　何かしつもんがありますか。
　　　　　　ーいいえ。
1　じゃ、おわりましょう。
2　またですか。
3　わるいですね。

問題２０　ああ、おもい。
　　　　　　ーてつだいましょうか。
1　そうですよ。
2　たいへんですね。
3　おねがいします。

問題２１　もしもし、木村さんですか。
　　　　　　ーいいえ、ちがいます。
1　しつれいしました。
2　おげんきで。
3　では、また。

「＊」の部分は録音されていません。

例題
ーーーーーーーーーーーーーーーーーーーー
女：すみません。あたまがいたいですから、
　　きょうはかえります。
男：わかりました。
ーーーーーーーーーーーーーーーーーーーー
問題　女の人は、どうしてかえりますか。
＊1　みみがいたいですから
＊2　あたまがいたいですから
＊3　はがいたいですから

いちばんいいものは２です。
ですから、例のように２をマークします。

1　男の人と女の人の会話を聞いてください。
ーーーーーーーーーーーーーーーーーーーー
男：わあ、テーブルのおはながきれいですね。
女：ありがとうございます。じゃ、そのジュースをれ
　　いぞうこに入れてください。それから、たなのお
　　さらをならべてください。
男：コップもですか。
女：ええ。
男：わかりました。
ーーーーーーーーーーーーーーーーーーーー
問題２２　男の人は、これからまず、何をしますか。
＊1　れいぞうこにジュースを入れます。
＊2　コップをならべます。
＊3　はなをかいに行きます。

問題２３　今、テーブルの上に何がありますか。
＊1　おさらとはなです。
＊2　はなです。
＊3　コップとおさらです。

2　男の人と女の人の会話を聞いてください。
――――――――――――――――――――
男：これから、いもうとにプレゼントをかいます。来
　　しゅうたんじょうびなんです。
女：そうですか。いもうとさんは、今、何さいですか。
男：はつかです。
女：え？　はつか？
男：はい、わたしより２つわかいですから。
女：ああ、はたちですね。
男：あ、そうです。日本語は、むずかしいですね。
――――――――――――――――――――
問題２４　男の人は、今、何さいですか。
＊１　18さいです。
＊２　20さいです。
＊３　22さいです。

問題２５　男の人について、会話の内容と合っている
　　　　　のは、どれですか。
＊１　日本語がじょうずです。
＊２　きょうだいがいます。
＊３　来しゅう、たんじょう日です。

3　男の人の話を聞いてください。
――――――――――――――――――――
男：わたしは、今、東京にすんでいます。もう２年に
　　なります。アパートのちかくに大きなこうえんが
　　あります。このこうえんは、さくらがとてもきれ
　　いですから、外国人もたくさん来ます。こうえん
　　の中に、ゆうめいなどうぶつえんがあります。大
　　きないけもあります。いけのまわりにきっさてん
　　やレストランがあります。休みの日は、とてもに
　　ぎやかです。わたしは、あさ、よくさんぽして、
　　コーヒーをのみます。コーヒーはコンビニでかい
　　ます。
――――――――――――――――――――
問題２６　男の人は、いつから東京にすんでいますか。
＊１　おととしです。
＊２　きょ年です。
＊３　今年です。

問題２７　男の人は、こうえんで何をしますか。
＊１　どうぶつとあそびます。
＊２　きっさてんに入ります。
＊３　さんぽします。

問題２８　こうえんは、どんなこうえんですか。
＊１　さくらの木があります。
＊２　ゆうめいなレストランがあります。
＊３　いつもとてもにぎやかです。

4　女の人と男の人の会話を聞いてください。
――――――――――――――――――――
女：カイさん、今しゅうのどよう日、何をしますか。
男：あさは、としょかんで日本語のべんきょうをしま
　　す。
女：じゃ、よるは、ひまですか。わたしのうちでパー
　　ティーをします。カイさんも来ませんか。
男：ほんとうですか。ぜひ行きたいです。おうちは、
　　どちらですか。
女：千葉です。５時に千葉えきに来てください。むか
　　えに行きますから。
男：わかりました。
女：カイさん、りょうりをしますか。
男：はい、すきです。
女：じゃ、何か国のりょうりをつくってください。
男：じゃ、国のおかしをつくって、もって行きます。
女：おねがいします。
――――――――――――――――――――
問題２９　女の人は、どよう日、何をしますか。
＊１　べんきょうします。
＊２　パーティーをします。
＊３　りょうりをつくります。

問題３０　男の人は、どこで女の人とあいますか。
＊１　としょかんです。
＊２　女の人のいえです。
＊３　千葉えきです。

問題３１　会話の内容と合っているのは、どれですか。
＊１　男の人は、女の人のうちでおかしをつくります。
＊２　男の人は、女の人のうちをしりません。
＊３　女の人は、どよう日のよる、うちにいません。

これで聞くテストをおわります。

第2回 J.TEST実用日本語検定（F-Gレベル）
正解とスクリプト

■ 読解問題　175点

《 文法・語彙問題 》 各3点（75点）			《 読解問題 》 各5点（50点）	《漢字問題》 各3点（30点）		《短文作成問題》 各4点（20点）
1) 3	11) 4	21) 2	26) 2	36) 2	41) 1	46) 6
2) 2	12) 1	22) 2	27) 4	37) 4	42) 5	47) 3
3) 3	13) 1	23) 3	28) 3	38) 3	43) 5	48) 3
4) 1	14) 4	24) 4	29) 4	39) 3	44) 2	49) 2
5) 2	15) 2	25) 3	30) 3	40) 2	45) 6	50) 6
6) 4	16) 3		31) 2			
7) 4	17) 3		32) 2			
8) 1	18) 1		33) 3			
9) 3	19) 4		34) 4			
10) 3	20) 2		35) 2			

■ 聴解問題　175点

《写真問題》 各5点（20点）	《聴読解問題》 各5点（15点）	《 応答問題 》 各5点（70点）	《 会話・説明問題 》 各7点（70点）
1) 3	5) 3	8) 2	22) 1
2) 1	6) 1	9) 1	23) 2
3) 4	7) 1	10) 3	24) 3
4) 1		11) 2	25) 1
		12) 1	26) 2
		13) 1	27) 1
		14) 1	28) 3
		15) 2	29) 2
		16) 3	30) 2
		17) 2	31) 3
		18) 2	
		19) 3	
		20) 1	
		21) 2	

写真問題

例題の写真を見てください。
例題　これは、何ですか。
1　コップです。
2　いすです。
3　ノートです。
4　えんぴつです。

いちばんいいものは1です。ですから、
例のように1をマークします。

Aの写真を見てください。
問題1　これは、何ですか。
1　ビールです。
2　まんねんひつです。
3　めがねです。
4　てがみです。

Bの写真を見てください。
問題2　ここは、どこですか。
1　こうさてんです。
2　おふろです。
3　ぎんこうです。
4　げんかんです。

Cの写真を見てください。
問題3　これで何をしますか。
1　はなをうえます。
2　エアコンをつけます。
3　じをけします。
4　はをみがきます。

Dの写真を見てください。
問題4　女の人は、何をしていますか。
1　ギターをひいています。
2　うみでおよいでいます。
3　みちをあるいています。
4　きってをはっています。

聴読解問題

例題を見てください。
男の人と女の人が話しています。

問題　男の人のかばんは、どれですか。
——————————————————
男：わたしのかばんは、くろくて、大きいです。
女：これですか。
男：ええ、そうです。
——————————————————
問題　男の人のかばんは、どれですか。

いちばんいいものは4です。ですから、
例のように4をマークします。

Eを見てください。
女の人と男の人が話しています。

問題5　学校は、いつからですか。
——————————————————
女：学校は、いつからですか。
男：8日からです。
女：え？　土よう日からですか。
男：いいえ、8日、水よう日からです。
女：あ、そうですか。
——————————————————
問題5　学校は、いつからですか。

Fを見てください。
女の人と男の人が話しています。

問題6　男の人は、あした、何をしますか。
——————————————————
女：タンさん、きょう、えいがを見ませんか。
男：いいですね。でも、これからとしょかんに行きま
　　す。それから、よるは、アルバイトがあります。
女：じゃ、あしたは、どうですか。
男：はい、だいじょうぶです。
女：じゃ、2時にまるやデパートであいましょう。
男：わかりました。
——————————————————
問題6　男の人は、あした、何をしますか。

Gを見てください。
男の人と女の人が話しています。

問題7　男の人は、どの電車にのりますか。
ーーーーーーーーーーーーーーーーーーーーーー
男：アンナさん、やまだえきからしまのえきまでどの
　　くらいですか。あした、8時50分にえきまえの
　　びょういんに行きたいんですが。
女：じゃ、じこくひょうを見ましょう。
男：ありがとうございます。
　　これとこれは、だめですね。うーん、あまりはや
　　くうちを出たくないから、これにします。
女：えきは、ひろいですよ。びょういんにおくれます
　　よ。
男：そうですか。じゃあ、こっちにします。
ーーーーーーーーーーーーーーーーーーーーーー
問題7　男の人は、どの電車にのりますか。

例題1　おはようございます。
1　おはようございます。
2　おやすみなさい。
3　さようなら。

例題2　おしごとは？
　　　　ーかいしゃいんです。
1　わたしもかいしゃいんじゃありません。
2　わたしもかいしゃいんです。
3　わたしもいしゃです。

いちばんいいものは、例題1は1、例題2は2です。
ですから、例題1は1を、例題2は2を例のように
マークします。

問題8　うちは、どちらですか。
1　こちらです。
2　京都です。
3　はい、そうです。

問題9　すみません、おなまえは？
1　チャンです。
2　ベトナム人です。
3　こんにちは。

問題10　へやにだれがいますか。
1　いいえ、いません。
2　へやにあります。
3　だれもいません。

問題11　それは、何のりょうりですか。
1　ええ、おいしいですよ。
2　さかなのりょうりです。
3　スプーンで食べます。

問題12　このふくは、5万円です。
1　たかいですね。
2　からいですね。
3　しずかですね。

問題13　そのもんだい、むずかしいですか。
1　ええ、とても。
2　はい、もっと。
3　ええ、ちょうど。

問題１４　コーヒーとおちゃ、どちらがいいですか。
1　おちゃ、おねがいします。
2　ええ、いいですね。
3　ぜんぜんよくないです。

問題１５　にもつ、もちましょうか。
1　いいえ、ちがいます。
2　いいえ、けっこうです。
3　しつれいしました。

問題１６　りょこうは、どうでしたか。
1　つめたかったです。
2　すくなかったです。
3　たのしかったです。

問題１７　田中さんは、まだですか。
1　よく来ますよ。
2　もう来ましたよ。
3　ときどき来ますよ。

問題１８　すてきなぼうしですね。
1　はきますか。
2　ともだちのです。
3　見せてください。

問題１９　ごめんください。
　　　　　－いらっしゃい。どうぞ。
1　そうですね。
2　いただきます。
3　しつれいします。

問題２０　これから出かけます。
　　　　　－あ、わたしも。
1　じゃ、いっしょに行きましょう。
2　もう行ったんですか。
3　またこんど。

問題２１　このケーキ、食べますか。
　　　　　－いいんですか。
1　わるいですよ。
2　たくさんありますから。
3　けさ、かいました。

会話・説明問題
「＊」の部分は録音されていません。

例題
――――――――――――――――――
女：すみません。あたまがいたいですから、
　　きょうはかえります。
男：わかりました。
――――――――――――――――――
問題　女の人は、どうしてかえりますか。
＊1　みみがいたいですから
＊2　あたまがいたいですから
＊3　はがいたいですから

いちばんいいものは２です。
ですから、例のように２をマークします。

1　男の人と女の人の会話を聞いてください。
――――――――――――――――――
男：はじめまして。リーです。かん国から来ました。
　　どうぞよろしく。
女：さとうです。どうぞよろしく。リーさんは、りゅ
　　う学生ですか。
男：いいえ、かいしゃいんです。さとうさんは？
女：わたしは、いしゃです。ちかくのびょういんでは
　　たらいています。
男：そうですか。
――――――――――――――――――
問題２２　男の人は、どこから来ましたか。
＊1　かん国です。
＊2　中国です。
＊3　日本です。

問題２３　女の人のしごとは、何ですか。
＊1　学生です。
＊2　いしゃです。
＊3　かいしゃいんです。

2　男の人の話を聞いてください。

ーーーーーーーーーーーーーーーーーーーー

男：わたしは、毎あさ、7時におきます。パンを食べ
　　て、こうちゃをのんで、それから出かけます。8
　　時半に電車にのります。かいしゃは、9時からで
　　す。ひるごはんは、かいしゃのしょくどうで食べ
　　ます。しょくどうのカレーは、とてもおいしいで
　　すから、よく食べます。ときどきおべんとうも食
　　べます。8時ごろうちへかえります。11時にねま
　　す。

ーーーーーーーーーーーーーーーーーーーー

問題24　毎あさ何時に電車にのりますか。
＊1　7時です。
＊2　8時です。
＊3　8時半です。

問題25　ひる、よく何を食べますか。
＊1　カレーです。
＊2　パンです。
＊3　おべんとうです。

3　女の人の話を聞いてください。

ーーーーーーーーーーーーーーーーーーーー

女：わたしのアパートは、へやが4つあります。わた
　　しは、リュウさんとタミさんとすんでいます。わ
　　たしたちは、いつも日本語で話します。リュウさ
　　んが、いちばんじょうずです。子どものとき、日
　　本にすんでいましたから。タミさんは、えい語の
　　べんきょうもしています。そのときは、わたしが
　　先生です。えい語は、わたしがいちばんじょうず
　　です。

ーーーーーーーーーーーーーーーーーーーー

問題26　女の人は、何人ですんでいますか。
＊1　ふたりです。
＊2　3人です。
＊3　4人です。

問題27　えい語を勉強している人は、だれですか。
＊1　タミさんです。
＊2　リュウさんです。
＊3　「わたし」です。

問題28　リュウさんについて、会話の内容と合って
　　　　いるのは、どれですか。
＊1　先生をしています。
＊2　子どもがいます。
＊3　日本語がじょうずです。

4　くすりやで男の人と女の人が話しています。
　　この会話を聞いてください。

ーーーーーーーーーーーーーーーーーーーー

男：あのう、くすりがほしいです。
女：どうしましたか。
男：おとといからあたまがいたくて、きのうからねつ
　　もあります。
女：そうですか。じゃ、このくすりをのんでください。
　　白いのとあかいのがあります。白いくすりは、1
　　日2かいです。
男：何時にのみますか。
女：あさごはんとばんごはんのあとです。
男：はい。あかいくすりは、いつのみますか。
女：ねつが高いとき、のんでください。
男：食べたあとですか。
女：はい。何か食べてから、のんでください。
男：わかりました。

ーーーーーーーーーーーーーーーーーーーー

問題29　男の人は、いつからねつがありますか。
＊1　きょうです。
＊2　きのうです。
＊3　おとといです。

問題30　白いくすりは、1日に何かいのみますか。
＊1　1かいです。
＊2　2かいです。
＊3　3かいです。

問題31　ねつが高いとき、どうしますか。
＊1　何か食べるまえに、あかいくすりをのみます。
＊2　何も食べないで、あかいくすりをのみます。
＊3　何か食べたあとで、あかいくすりをのみます。

これで聞くテストをおわります。

第3回 J.TEST実用日本語検定（F-Gレベル）
正解とスクリプト

■ 読解問題　175点

《 文法・語彙問題 》 各3点（75点）			《 読解問題 》 各5点（50点）	《漢字問題》 各3点（30点）		《短文作成問題》 各4点（20点）
1) 1	11) 3	21) 4	26) 1	36) 2	41) 1	46) 3
2) 4	12) 4	22) 2	27) 3	37) 2	42) 5	47) 3
3) 2	13) 4	23) 1	28) 1	38) 3	43) 2	48) 4
4) 3	14) 1	24) 1	29) 4	39) 4	44) 4	49) 5
5) 1	15) 1	25) 2	30) 2	40) 2	45) 5	50) 2
6) 2	16) 2		31) 3			
7) 4	17) 4		32) 3			
8) 1	18) 1		33) 4			
9) 2	19) 3		34) 3			
10) 1	20) 3		35) 4			

■ 聴解問題　175点

《写真問題》 各5点（20点）	《聴読解問題》 各5点（15点）	《 応答問題 》 各5点（70点）	《 会話・説明問題 》 各7点（70点）
1) 4	5) 4	8) 2	22) 3
2) 4	6) 3	9) 3	23) 2
3) 1	7) 2	10) 1	24) 2
4) 3		11) 2	25) 1
		12) 1	26) 2
		13) 2	27) 3
		14) 3	28) 3
		15) 3	29) 2
		16) 1	30) 3
		17) 3	31) 2
		18) 2	
		19) 2	
		20) 2	
		21) 1	

写真問題

例題の写真を見てください。
例題　これは、何ですか。
1　コップです。
2　いすです。
3　ノートです。
4　えんぴつです。

いちばんいいものは1です。ですから、
例のように1をマークします。

Aの写真を見てください。
問題1　これは、何ですか。
1　とけいです。
2　はがきです。
3　フィルムです。
4　ふうとうです。

Bの写真を見てください。
問題2　ここは、どこですか。
1　やおやです。
2　えいがかんです。
3　としょかんです。
4　びょういんです。

Cの写真を見てください。
問題3　これで何をしますか。
1　くつをはきます。
2　タクシーをよびます。
3　くだものをきります。
4　たばこをすいます。

Dの写真を見てください。
問題4　何をしていますか。
1　てをあげています。
2　そうじをしています。
3　せんたくをしています。
4　シャツをぬいでいます。

聴読解問題

例題を見てください。
男の人と女の人が話しています。

問題　男の人のかばんは、どれですか。
——————————————————
男：わたしのかばんは、くろくて、大きいです。
女：これですか。
男：ええ、そうです。
——————————————————
問題　男の人のかばんは、どれですか。

いちばんいいものは4です。ですから、
例のように4をマークします。

Eを見てください。
女の人と男の人が話しています。

問題5　今、何時ですか。
——————————————————
女：今、何時ですか。
男：8時30分です。
女：8時10分ですね。
男：いいえ。30分、8時半です。
女：わかりました。ありがとうございます。
——————————————————
問題5　今、何時ですか。

Fを見てください。
男の人と女の人が話しています。

問題6　つかわないのは、どれですか。
——————————————————
男：これは、バナナのおかしです。どうぞ。
女：おいしいですね。何でつくりますか。
男：ぎゅうにゅうとたまごです。
女：さとうやバターは？
男：つかいません。かんたんですから、こんどいっ
　　しょにつくりましょう。
女：はい。
——————————————————
問題6　つかわないのは、どれですか。

Gを見てください。
みせで、女の人と男の人が話しています。

問題7　ジュースは、どこにおきますか。
ーーーーーーーーーーーーーーーーーーーーー
女：すみません、このジュースはどこにならべますか。
　　いちばん下ですか。
男：あ、それは小さいですから、上にならべてくださ
　　い。
女：じゃ、いちばん上のたなでいいですか。
男：いちばん上は、おちゃをおきますから、その下に
　　ならべてください。
女：はい。じゃ、水のよこにおきます。
男：はい。
ーーーーーーーーーーーーーーーーーーーーー
問題7　ジュースは、どこにおきますか。

例題1　おはようございます。
1　おはようございます。
2　おやすみなさい。
3　さようなら。

例題2　おしごとは?
　　　　ーかいしゃいんです。
1　わたしもかいしゃいんじゃありません。
2　わたしもかいしゃいんです。
3　わたしもいしゃです。

いちばんいいものは、例題1は1、例題2は2です。
ですから、例題1は1を、例題2は2を例のように
マークします。

問題8　あのう、田中さんですか。
1　はい、田中さんです。
2　いいえ、ちがいます。
3　はい、あそこです。

問題9　それは、何の本ですか。
1　はい、そうです。
2　先生のです。
3　カメラのです。

問題10　スポーツがすきですか。
1　はい、とても。
2　やきゅうです。
3　いいえ、しません。

問題11　おいくらですか。
1　そうじゃありません。
2　1000円です。
3　かるいかさです。

問題12　日よう日もしごとです。
1　いそがしいですね。
2　せまいですね。
3　あかるいですね。

問題13　あしたは、3時に来てください。
1　いいですね。
2　わかりました。
3　4時でもいいです。

問題１４　まどがあいていますね。
1　水をのみますか。
2　ええ、しずかですね。
3　ええ、ちょっとあついですから。

問題１５　おなかがいたいです。
1　じゃ、何か食べますか。
2　すてきですね。
3　だいじょうぶですか。

問題１６　こんばん、どこかへ出かけますか。
1　うーん、たぶん。
2　ええ、どうぞ。
3　じゃ、どうも。

問題１７　日本語がじょうずですね。
1　こちらこそ。
2　すみません。
3　まだまだです。

問題１８　さようなら。
1　いらっしゃい。
2　お元気で。
3　はじめまして。

問題１９　きのうは、11時まではたらきました。
　　　　　－たいへんでしたね。
1　ええ、くらかったです。
2　ええ、つかれました。
3　ええ、すぐにかえりました。

問題２０　それでは、しつれいします。
　　　　　－また、来てくださいね。
1　いただきます。
2　ありがとうございます。
3　どういたしまして。

問題２１　あ！　かわいい。
　　　　　－どうしたんですか。
1　ねこがいますよ。
2　しょうゆをつけますよ。
3　はるが来ましたよ。

会話・説明問題

「＊」の部分は録音されていません。

例題
ーーーーーーーーーーーーーーーーーー
女：すみません。あたまがいたいですから、
　　きょうはかえります。
男：わかりました。
ーーーーーーーーーーーーーーーーーー
問題　女の人は、どうしてかえりますか。
＊1　みみがいたいですから
＊2　あたまがいたいですから
＊3　はがいたいですから

いちばんいいものは2です。
ですから、例のように2をマークします。

1　男の人と女の人の会話を聞いてください。
ーーーーーーーーーーーーーーーーーー
男：コーヒーください。
女：はい。ホットとアイスがありますが。
男：じゃ、アイスでおねがいします。
女：ごいっしょにケーキはいかがですか。
男：うーん、のみものだけにします。
女：わかりました。
ーーーーーーーーーーーーーーーーーー
問題２２　ふたりは、どこにいますか。
＊1　えきです。
＊2　こうえんです。
＊3　きっさてんです。

問題２３　男の人は、何をたのみましたか。
＊1　あついコーヒーです。
＊2　つめたいコーヒーです。
＊3　あついコーヒーとケーキです。

2　男の人の話を聞いてください。
────────────────────────
男：わたしは、2年まえに日本に来ました。日本語
　　学校で2年間べんきょうして、大学に入りまし
　　た。大学のべんきょうは、むずかしいですが、
　　たのしいです。あたらしい友だちもたくさんで
　　きました。でも、日本人の友だちは、まだいま
　　せん。はやく日本人の友だちがほしいです。
────────────────────────
問題24　男の人は、いつ日本に来ましたか。
＊1　きょねんです。
＊2　おととしです。
＊3　3年まえです。

問題25　男の人について、話の内容と合っている
　　　　のは、どれですか。
＊1　今、大学生です。
＊2　日本人の友だちがいます。
＊3　べんきょうは、あまりたのしくないです。

3　女の人の話を聞いてください。
────────────────────────
女：わたしはきのう、10時に大学に行きました。11時
　　から12時半までじゅぎょうがありました。ひるご
　　はんは、大学のしょくどうで食べました。午後、
　　1時半から3時までまたじゅぎょうがありました。
　　そのあとで、大山さんのいえでいっしょにべん
　　きょうしました。9時半にいえにかえって、それ
　　からばんごはんを食べました。テレビを見て、11
　　時にねました。
────────────────────────
問題26　女の人は、どこでひるごはんを食べました
　　　　か。
＊1　じぶんのいえです。
＊2　大学です。
＊3　何も食べませんでした。

問題27　大学のじゅぎょうについて、話の内容と
　　　　合っているのは、どれですか。
＊1　午前中だけでした。
＊2　午後だけでした。
＊3　午前も午後もありました。

問題28　女の人は、大山さんのいえで何をしました
　　　　か。
＊1　テレビを見ました。
＊2　しょくじしました。
＊3　べんきょうしました。

4　女の人と男の人の会話を聞いてください。
────────────────────────
女：パクさんは、アルバイトをしていますか。
男：ええ、スーパーではたらいています。
女：学校のちかくですか。
男：いいえ、アパートのちかくの「スマイル」という
　　みせです。
女：そうですか。そこは、どうですか。
男：みせの人がしんせつですよ。それに、何でもやす
　　くて、おべんとうがとてもおいしいです。わたし
　　もよくかいます。
女：いいですね。わたしもそこではたらきたいです。
男：え？　でも、ニナさん、レストランでアルバイト
　　をしているでしょう？
女：ええ。でも、いえからとおいですから…。
男：じゃ、スーパーの人にきいてみましょうか。
女：おねがいします。
────────────────────────
問題29　男の人は、どこではたらいていますか。
＊1　学校です。
＊2　スーパーです。
＊3　レストランです。

問題30　「スマイル」について、会話の内容と合っ
　　　　ているのは、どれですか。
＊1　レストランのなまえです。
＊2　学校のちかくにあります。
＊3　おいしいおべんとうをうっています。

問題31　女の人について、会話の内容と合っている
　　　　のは、どれですか。
＊1　いえのちかくでアルバイトをしています。
＊2　あたらしいアルバイトをしたいとおもっていま
　　　す。
＊3　男の人といっしょにはたらいています。

これで聞くテストをおわります。

第4回 J.TEST実用日本語検定（F-Gレベル）
正解とスクリプト

■ 読解問題　175点

《 文法・語彙問題 》 各3点（75点）			《 読解問題 》 各5点（50点）	《漢字問題》 各3点（30点）		《短文作成問題》 各4点（20点）
1) 2	11) 3	21) 2	26) 2	36) 3	41) 4	46) 4
2) 1	12) 3	22) 1	27) 4	37) 1	42) 2	47) 6
3) 2	13) 4	23) 3	28) 1	38) 4	43) 5	48) 2
4) 2	14) 3	24) 2	29) 3	39) 3	44) 2	49) 6
5) 4	15) 2	25) 1	30) 2	40) 4	45) 6	50) 3
6) 4	16) 2		31) 2			
7) 1	17) 1		32) 4			
8) 3	18) 4		33) 1			
9) 4	19) 4		34) 3			
10) 1	20) 1		35) 1			

■ 聴解問題　175点

《写真問題》 各5点（20点）	《聴読解問題》 各5点（15点）	《 応答問題 》 各5点（70点）	《 会話・説明問題 》 各7点（70点）
1) 1	5) 2	8) 3	22) 2
2) 3	6) 1	9) 2	23) 3
3) 2	7) 4	10) 2	24) 3
4) 4		11) 3	25) 2
		12) 3	26) 1
		13) 1	27) 1
		14) 1	28) 3
		15) 2	29) 2
		16) 1	30) 3
		17) 2	31) 1
		18) 3	
		19) 3	
		20) 3	
		21) 2	

写真問題

例題の写真を見てください。
例題　これは、何ですか。
1　コップです。
2　いすです。
3　ノートです。
4　えんぴつです。

いちばんいいものは１です。ですから、
例のように１をマークします。

Aの写真を見てください。
問題１　これは、何ですか。
1　ぼうしです。
2　スリッパです。
3　めがねです。
4　ズボンです。

Bの写真を見てください。
問題２　ここは、どこですか。
1　本やです。
2　こうばんです。
3　えいがかんです。
4　きっさてんです。

Cの写真を見てください。
問題３　これで何をしますか。
1　じをけします。
2　テレビをつけます。
3　きってをはります。
4　ドアをあけます。

Dの写真を見てください。
問題４　何をしていますか。
1　かいものしています。
2　おふろにはいっています。
3　さらをあらっています。
4　えをかいています。

例題を見てください。
男の人と女の人が話しています。

問題　男の人のかばんは、どれですか。
――――――――――――――――――
男：わたしのかばんは、くろくて、大きいです。
女：これですか。
男：ええ、そうです。
――――――――――――――――――
問題　男の人のかばんは、どれですか。

いちばんいいものは４です。ですから、
例のように４をマークします。

Eを見てください。
女の人と男の人が話しています。

問題５　男の人は、何を読んでいますか。
――――――――――――――――――
女：小田さん、それは、しんぶんですか、ざっしです
　　か。
男：しんぶんです。
女：外国語のしんぶんですか。
男：ええ、えい語のです。
――――――――――――――――――
問題５　男の人は、何を読んでいますか。

Fを見てください。
男の人が話しています。

問題６　男の人の友だちは、どの人ですか。
――――――――――――――――――
男：こちらは、わたしの友だちのごかぞくです。ごか
　　ぞくは、６人です。ごりょうしんと友だちの佐久
　　間さんとおくさんとお子さんがふたりです。お子
　　さんは、女の子と男の子です。
――――――――――――――――――
問題６　男の人の友だちは、どの人ですか。

Gを見てください。
しょくどうで、男の人と女の人が話しています。

問題7　女の人は、どれを食べますか。
—————————————————
男：リタさん、何を食べますか。
女：そうですね…。これは、何ですか。
男：ぎゅうどんです。
女：ぎゅうどん？
男：はい、ごはんとぎゅうにくです。
女：そうですか。わたしは、ぎゅうにくを食べません。
男：じゃ、これは、どうですか。てんどんです。やさ
　　いとえびのてんぷらです。
女：あ、それが食べたいです。
男：いっしょにサラダは？
女：いいえ、けっこうです。
—————————————————
問題7　女の人は、どれを食べますか。

応答問題

例題1　おはようございます。
1　おはようございます。
2　おやすみなさい。
3　さようなら。

例題2　おしごとは？
　　　　ーかいしゃいんです。
1　わたしもかいしゃいんじゃありません。
2　わたしもかいしゃいんです。
3　わたしもいしゃです。

いちばんいいものは、例題1は1、例題2は2です。
ですから、例題1は1を、例題2は2を例のように
マークします。

問題8　今、何時ですか。
1　そうですよ。
2　山田です。
3　10時です。

問題9　これは、だれのかさですか。
1　あかいのです。
2　いもうとのです。
3　はい、そうです。

問題10　お国は、アメリカですか。
1　いいですね。
2　いいえ、イギリスです。
3　わたしは、アリスです。

問題11　あおとみどりとどちらがすきですか。
1　はい、すこし。
2　いいえ、ちがいます。
3　どちらもすきです。

問題12　学校まで2時間くらいかかります。
1　わるいですね。
2　つよいですね。
3　とおいですね。

問題13　よくてがみを書きますか。
1　ええ、友だちに。
2　ええ、はじめてです。
3　ええ、こんばん。

問題１４　いい天気ですね。
1　ええ、あたたかいですね。
2　ええ、とてもつめたいですね。
3　ええ、くもりですね。

問題１５　てつだいましょうか。
1　こちらこそ。
2　いいえ、だいじょうぶです。
3　ええ、どうぞ。

問題１６　あたらしい先生にあいましたか。
1　はい、きょうしつで。
2　はい、あたらしかったです。
3　はい、あいたいですね。

問題１７　きれいなはなですね。
1　しつれいしました。
2　ええ、ほんとうに。
3　じゃ、どうも。

問題１８　これ、もらいました。
1　ありがとうございます。
2　どういたしまして。
3　よかったですね。

問題１９　先にかえりますね。
　　　　　ーえ、どうしてですか。
1　ちょっとあかるいですから
2　しょうゆをつけますから
3　バスが来ましたから

問題２０　ごめんください。
　　　　　ーはい、どなたですか。
1　あのかたです。
2　どうぞよろしく。
3　グエンともうします。

問題２１　このもんだい、わかりますか。
　　　　　ーうーん、むずかしいです。
1　あたまがいいですね。
2　じゃあ、先生に聞きましょう。
3　ゆっくりいってください。

「＊」の部分は録音されていません。

例題
ーーーーーーーーーーーーーーーーーーー
女：すみません。あたまがいたいですから、
　　　きょうはかえります。
男：わかりました。
ーーーーーーーーーーーーーーーーーーー
問題　女の人は、どうしてかえりますか。
＊１　みみがいたいですから
＊２　あたまがいたいですから
＊３　はがいたいですから

いちばんいいものは２です。
ですから、例のように２をマークします。

１　女の人と男の人の会話を聞いてください。
ーーーーーーーーーーーーーーーーーーー
女：もしもし、サイさん、今どこにいますか。
男：いえにいます。リンダさんは？
女：かいしゃです。きょう６時からパーティーがあ
　　ります。サイさんのいえのそばのレストランで
　　す。来ませんか。
男：いいですね、行きたいです。
女：じゃ、５時50分にサイさんのいえへ行きますね。
男：わかりました。
ーーーーーーーーーーーーーーーーーーー
問題２２　女の人は、どこにいますか。
＊１　レストランです。
＊２　かいしゃです。
＊３　いえです。

問題２３　男の人は、これからまず、何をしますか。
＊１　女の人にでんわをかけます。
＊２　レストランへ行きます。
＊３　いえで女の人をまちます。

2 女の人の話を聞いてください。

ーーーーーーーーーーーーーーーーーーーーーー

女：みなさん、はじめまして。ユリです。インドネ
　　シア人です。インドネシアのびょういんで３年
　　間はたらきました。かんごしでした。わたしは、
　　けっこんしています。おっとは、ぎんこういん
　　です。わたしは、国で１年、日本で半年、日本
　　語をべんきょうしました。日本人の先生になら
　　いました。日本語はまだへたですが、がんばり
　　ます。これからどうぞよろしくおねがいします。

ーーーーーーーーーーーーーーーーーーーーーー

問題２４　女の人は、どのぐらい日本語をべんきょ
　　　　　うしましたか。
＊１　半年です。
＊２　１年です。
＊３　１年半です。

問題２５　女の人は、国で何をしていましたか。
＊１　きょうしです。
＊２　かんごしです。
＊３　ぎんこういんです。

3 男の子の話を聞いてください。

ーーーーーーーーーーーーーーーーーーーーーー

男：ぼくは、いろいろなスポーツをします。スキー、
　　サッカー、やきゅう、テニスなどです。ぼくの
　　まちは、ゆきがふります。ちかくにスキーがで
　　きる山がありますから、スキーは、ふゆの間、
　　毎日します。でも、ぼくがいちばんすきなのは、
　　サッカーです。いつも、ちちとテレビでサッ
　　カーを見ます。きのうは、イタリアのサッカー
　　を見ました。とてもたのしかったです。ときど
　　き、中学校の友だちとサッカーをします。でも、
　　ぼくは、へたです。ですから、もっとたくさん
　　れんしゅうして、サッカーがじょうずになりた
　　いです。

ーーーーーーーーーーーーーーーーーーーーーー

問題２６　男の子は、スポーツで何がいちばんすきで
　　　　　すか。
＊１　サッカーです。
＊２　やきゅうです。
＊３　スキーです。

問題２７　男の子は、きのう何をしましたか。
＊１　テレビを見ました。
＊２　友だちとあそびました。
＊３　やきゅうをしました。

問題２８　男の子について、話の内容と合っているの
　　　　　は、どれですか。
＊１　おとうさんは、サッカーがじょうずです。
＊２　テニスは、２ばんめにすきです。
＊３　ふゆは、すんでいるまちでスキーができます。

4　かいしゃで男の人と女の人が話しています。
　　この会話を聞いてください。
ーーーーーーーーーーーーーーーーーーーーーー
男：つかれましたね、かえりましょう。
女：そうですね。
男：このあと、何かよていがありますか。
女：いいえ。
男：じゃ、いっしょにばんごはんを食べませんか。
女：いいですね。
男：吉田さんは、何が食べたいですか。
女：うーん、かん国りょうりは、どうですか。
　　おひるによく行くおみせがあります。やすくて、
　　おいしいんですよ。
男：あ、いいですね。ぼく、からいりょうりがすきな
　　んです。いつもは、中国りょうりかカレーですが、
　　かん国りょうりもすきです。
女：よかった。じゃ、行きましょう。
ーーーーーーーーーーーーーーーーーーーーーー
問題２９　ふたりは、このあとまず、何をしますか。
＊１　はたらきます。
＊２　しょくじします。
＊３　うちへかえります。

問題３０　男の人について、会話の内容と合っている
　　　　　のは、どれですか。
＊１　中国りょうりがすきじゃありません。
＊２　ひるごはんは、カレーでした。
＊３　からいりょうりがすきです。

問題３１　女の人について、会話の内容と合っている
　　　　　のは、どれですか。
＊１　おいしいみせをしっています。
＊２　かん国りょうりをあまり食べません。
＊３　きょう、よていがあります。

これで聞くテストをおわります。

第5回 J.TEST実用日本語検定（F-Gレベル）
正解とスクリプト

■ 読解問題　175点

《 文法・語彙問題 》 各3点（75点）			《 読解問題 》 各5点（50点）	《漢字問題》 各3点（30点）		《短文作成問題》 各4点（20点）
1) 4	11) 3	21) 3	26) 2	36) 2	41) 5	46) 4
2) 4	12) 4	22) 2	27) 1	37) 3	42) 4	47) 6
3) 2	13) 2	23) 2	28) 3	38) 2	43) 4	48) 2
4) 3	14) 4	24) 3	29) 2	39) 3	44) 2	49) 5
5) 2	15) 1	25) 1	30) 3	40) 4	45) 3	50) 3
6) 1	16) 3		31) 2			
7) 4	17) 2		32) 4			
8) 1	18) 2		33) 3			
9) 1	19) 2		34) 4			
10) 4	20) 3		35) 3			

■ 聴解問題　175点

《写真問題》 各5点（20点）	《聴読解問題》 各5点（15点）	《 応答問題 》 各5点（70点）	《 会話・説明問題 》 各7点（70点）
1) 3	5) 4	8) 1	22) 3
2) 3	6) 3	9) 2	23) 1
3) 4	7) 1	10) 3	24) 2
4) 2		11) 3	25) 2
		12) 2	26) 3
		13) 1	27) 2
		14) 3	28) 3
		15) 2	29) 1
		16) 1	30) 3
		17) 1	31) 2
		18) 3	
		19) 3	
		20) 2	
		21) 2	

写真問題

例題の写真を見てください。
例題　これは、何ですか。
1　コップです。
2　いすです。
3　ノートです。
4　えんぴつです。

いちばんいいものは１です。ですから、
例のように１をマークします。

Aの写真を見てください。
問題１　これは、何ですか。
1　たまごです。
2　ギターです。
3　くすりです。
4　さいふです。

Bの写真を見てください。
問題２　ここは、どこですか。
1　にわです。
2　ぎんこうです。
3　びょういんです。
4　たいしかんです。

Cの写真を見てください。
問題３　ここで、何をしますか。
1　ごはんをつくります。
2　しんぶんをよみます。
3　でんわをかけます。
4　からだをあらいます。

Dの写真を見てください。
問題４　何をしていますか。
1　そうじしています。
2　はしっています。
3　すわっています。
4　スキーをしています。

例題を見てください。
男の人と女の人が話しています。

問題　男の人のかばんは、どれですか。
――――――――――――――――――
男：わたしのかばんは、くろくて、大きいです。
女：これですか。
男：ええ、そうです。
――――――――――――――――――
問題　男の人のかばんは、どれですか。

いちばんいいものは４です。ですから、
例のように４をマークします。

Eを見てください。
女の人と男の人が話しています。

問題５　いすは、いくつありますか。
――――――――――――――――――
女：すみません、そこにいすがいくつありますか。
男：えーと、８つです。
女：４つですね。
男：いいえ、８つです。
――――――――――――――――――
問題５　いすは、いくつありますか。

Fを見てください。
女の人と男の人が話しています。

問題６　男の人は、何で食べますか。
――――――――――――――――――
女：トアンさん、はしです。どうぞ。
男：すみません、はしはちょっと…。
女：あ、フォークがいいですか。
男：はい。はしは、むずかしいです。つかいたいです
　　が、へたですから…。
女：だいじょうぶですよ。れんしゅうしませんか。
男：そうですか。じゃ、れんしゅうします。
――――――――――――――――――
問題６　男の人は、何で食べますか。

Gを見てください。
男の人と女の人が話しています。

問題7　女の人は、こんばん何をしますか。
ーーーーーーーーーーーーーーーーーーー
男：ナディアさんは、いつしゅくだいをしていますか。
女：アルバイトがあるときは、アルバイトのまえにします。
男：わー、えらいですねー。わたしは、ねるまえです。
女：でも、ないときは、ばんごはんを食べてから、します。
男：きょうもアルバイトですか。
女：ええ。
ーーーーーーーーーーーーーーーーーーー
問題7　女の人は、こんばん何をしますか。

例題1　おはようございます。
1　おはようございます。
2　おやすみなさい。
3　さようなら。

例題2　おしごとは？
　　　　ーかいしゃいんです。
1　わたしもかいしゃいんじゃありません。
2　わたしもかいしゃいんです。
3　わたしもいしゃです。

いちばんいいものは、例題1は1、例題2は2です。
ですから、例題1は1を、例題2は2を例のように
マークします。

問題8　それは、だれの本ですか。
1　わたしのです。
2　日本語のです。
3　あたらしいのです。

問題9　テレビの下に何がありますか。
1　はい、あります。
2　何もありません。
3　いいえ、テレビです。

問題10　あのきっさてんに入りましょう。
1　そうですよ。
2　これですか。
3　いいですね。

問題11　さむかったですか。
1　はい、さむいです。
2　いいえ、さむくないです。
3　はい、とてもさむかったです。

問題12　これ、おとうとのしゃしんです。
1　わあー、しんせつですね。
2　わあー、ハンサムですね。
3　わあー、よわいですね。

問題13　ちょっとこれを見てください。
1　どれですか。
2　そうですか。
3　まだですか。

問題１４　これ、コピーしてください。
1　何さいですか。
2　いくつですか。
3　何まいですか。

問題１５　コーヒー、いかがですか。
1　350円です。
2　おねがいします。
3　いらっしゃいませ。

問題１６　会社は、ちかいですか。
1　いいえ、あまり。
2　はい、あとで。
3　はい、はじめてです。

問題１７　あした、先生としょくじに行きますか。
1　ええ、たぶん。
2　ええ、もっと。
3　ええ、ときどき。

問題１８　ありがとうございます。
1　さようなら。
2　はじめまして。
3　どういたしまして。

問題１９　来週休みます。
　　　　　ーどうしてですか。
1　とてもからいですから
2　もう大きいですから
3　なつ休みですから

問題２０　消しゴムがありますか。
　　　　　ーうちにわすれました。
1　じゃ、かしてください。
2　じゃ、これどうぞ。
3　ほしいですか。

問題２１　わたしはぶたにくを食べません。
　　　　　ーぎゅうにくは？
1　すこし高いですね。
2　食べません。
3　おいしかったです。

「＊」の部分は録音されていません。

例題
ーーーーーーーーーーーーーーーーーーー
女：すみません。あたまがいたいですから、
　　きょうはかえります。
男：わかりました。
ーーーーーーーーーーーーーーーーーーー
問題　女の人は、どうしてかえりますか。
＊1　みみがいたいですから
＊2　あたまがいたいですから
＊3　はがいたいですから

いちばんいいものは２です。
ですから、例のように２をマークします。

1　男の人と女の人の会話を聞いてください。
ーーーーーーーーーーーーーーーーーーー
男：すみません。みつぼしびょういんは、どこですか。
女：みつぼしびょういんは、となりの駅です。
男：え、そうですか！
女：でも、ここからあるいて15分くらいですよ。
男：そうですか。よかった。この道をまっすぐですか。
女：そうです。
ーーーーーーーーーーーーーーーーーーー
問題２２　みつぼしびょういんは、ここからどのくらいかかりますか。
＊1　電しゃで5分です。
＊2　バスで10分です。
＊3　あるいて15分です。

問題２３　男の人は、このあと、どうしますか。
＊1　あるいてびょういんへ行きます。
＊2　電しゃにのります。
＊3　うちへかえります。

2　女の人の話を聞いてください。

━━━━━━━━━━━━━━━━━━━━━━━━━━━━━

女：みなさん、はじめまして。わたしは、橋本とも
　　うします。今、日本語の先生になるべんきょう
　　をしています。火よう日から木よう日、午後だ
　　けですが、みなさんに日本語をおしえます。
　　きょうは、じゅぎょうをけんがくして、あした
　　のかんじのじゅぎょうからおしえます。どうぞ
　　よろしくおねがいします。

━━━━━━━━━━━━━━━━━━━━━━━━━━━━━

問題２４　女の人は、１週間に何日、日本語をおし
　　　　　えますか。
＊１　１日です。
＊２　３日です。
＊３　５日です。

問題２５　女の人は、いつから、日本語をおしえま
　　　　　すか。
＊１　きょうからです。
＊２　あしたからです。
＊３　来週からです。

3　男の人の話を聞いてください。

━━━━━━━━━━━━━━━━━━━━━━━━━━━━━

男：わたしのかぞくは、５人です。りょうしんとわ
　　たしといもうととおとうとです。わたしは今、
　　会社いんです。父は、エンジニアです。今、イ
　　ンドネシアにいます。いもうとは、大学生で、
　　イギリスでえのべんきょうをしています。です
　　から、今、わたしは、３人ですんでいます。す
　　こしさびしいです。

━━━━━━━━━━━━━━━━━━━━━━━━━━━━━

問題２６　男の人のしごとは、何ですか。
＊１　エンジニアです。
＊２　学生です。
＊３　会社いんです。

問題２７　男の人は、今、だれとすんでいますか。
＊１　おかあさんです。
＊２　おかあさんとおとうとさんです。
＊３　ごりょうしんです。

4　電話で、男の人と女の人が話しています。
　　この会話を聞いてください。
――――――――――――――――――――――
男：もしもし、ゆかさん、ホセです。　あしたのよる、
　　さちこさんのたんじょうびパーティーですね。ゆ
　　かさんは、何かあげますか。
女：ええ。わたしは、ハンカチです。これから買いに
　　行きます。ホセさんは？
男：ええと、花は、どうですか。わたしの国では、た
　　んじょう日に赤い花をあげます。
女：すてきですね。いいと思います。さちこさんはピ
　　ンクがすきですから、ピンクの花はどうですか。
男：じゃ、そうします。
女：これから、いっしょに買いに行きますか。
男：いいえ、あしたパーティーのまえに買って、もっ
　　て行きます。
――――――――――――――――――――――
問題２８　男の人は、いつプレゼントを買いますか。
＊１　これからです。
＊２　こんばんです。
＊３　あしたのゆうがたです。

問題２９　男の人があげるプレゼントは、何ですか。
＊１　花です。
＊２　ケーキです。
＊３　ハンカチです。

5　女の人と男の人の会話を聞いてください。
――――――――――――――――――――――
女：すみません、このにもつをおくりたいんですが。
男：ええと、福岡ですね。1500円です。
女：あしたつきますか。
男：福岡ですから、２日かかります。
女：あー、こまったなあ。いそいでいます。
男：じゃ、「そくたつ」にしますか。
女：「そくたつ」は、何ですか。
男：はやくつきますが、高くなります。でも、あした
　　つきますよ。
女：いくらですか。
男：500円高くなります。
女：じゃ、それでおねがいします。
――――――――――――――――――――――
問題３０　女の人は、いくらはらいますか。
＊１　500円です。
＊２　1500円です。
＊３　2000円です。

問題３１　ふたりは、どこで話していますか。
＊１　駅です。
＊２　ゆうびんきょくです。
＊３　としょかんです。

これで聞くテストをおわります。

第6回 J.TEST実用日本語検定（F−Gレベル）
正解とスクリプト

■ 読解問題　175点

《 文法・語彙問題 》 各3点（75点）			《 読解問題 》 各5点（50点）	《漢字問題》 各3点（30点）		《短文作成問題》 各4点（20点）
1) 3	11) 2	21) 1	26) 2	36) 3	41) 2	46) 5
2) 2	12) 4	22) 3	27) 3	37) 4	42) 3	47) 6
3) 1	13) 1	23) 2	28) 4	38) 3	43) 1	48) 3
4) 4	14) 4	24) 3	29) 3	39) 1	44) 4	49) 2
5) 3	15) 2	25) 4	30) 4	40) 2	45) 5	50) 4
6) 2	16) 4		31) 3			
7) 2	17) 3		32) 3			
8) 4	18) 2		33) 2			
9) 1	19) 3		34) 3			
10) 1	20) 2		35) 3			

■ 聴解問題　175点

《写真問題》 各5点（20点）	《聴読解問題》 各5点（15点）	《 応答問題 》 各5点（70点）	《 会話・説明問題 》 各7点（70点）
1) 2	5) 1	8) 2	22) 2
2) 3	6) 3	9) 3	23) 1
3) 4	7) 3	10) 1	24) 3
4) 2		11) 3	25) 1
		12) 3	26) 2
		13) 1	27) 1
		14) 1	28) 3
		15) 2	29) 3
		16) 1	30) 1
		17) 1	31) 2
		18) 2	
		19) 3	
		20) 3	
		21) 2	

写真問題

例題の写真を見てください。
例題　これは、何ですか。
1　コップです。
2　いすです。
3　ノートです。
4　えんぴつです。

いちばんいいものは1です。ですから、
例のように1をマークします。

Aの写真を見てください。
問題1　これは、何ですか。
1　みずです。
2　さかなです。
3　つくえです。
4　しおです。

Bの写真を見てください。
問題2　ここは、どこですか。
1　としょかんです。
2　ぎんこうです。
3　くすりやです。
4　ゆうびんきょくです。

Cの写真を見てください。
問題3　これで何をしますか。
1　電話です。
2　やきゅうです。
3　けっこんです。
4　そうじです。

Dの写真を見てください。
問題4　何をしていますか。
1　せんたくしています。
2　およいでいます。
3　すわっています。
4　はしっています。

例題を見てください。
男の人と女の人が話しています。

問題　男の人のかばんは、どれですか。
ーーーーーーーーーーーーーーーーーー
男：わたしのかばんは、くろくて、大きいです。
女：これですか。
男：ええ、そうです。
ーーーーーーーーーーーーーーーーーー
問題　男の人のかばんは、どれですか。

いちばんいいものは4です。ですから、
例のように4をマークします。

Eを見てください。
女の人と男の人が話しています。

問題5　女の人は、何がいへ行きますか。
ーーーーーーーーーーーーーーーーーー
女：あのう、日本語のきょうしつは、2かいですか。
男：いいえ、1かいです。
女：え？　8かい？
男：いいえ、1かいです。
女：わかりました。どうも。
ーーーーーーーーーーーーーーーーーー
問題5　女の人は、何がいへ行きますか。

Fを見てください。
女の人と男の人が話しています。

問題6　女の人のねこは、どれですか。
ーーーーーーーーーーーーーーーーーー
女：あ、あそこにわたしのねこがいます。
男：え、どれですか。ドアの前ですか。
女：いいえ、まどの下です。
男：ええと、2ひきいますね。どっちですか。
女：ちがいますよ。もっと下です。ねているねこです。
男：ああ、あれですか。
ーーーーーーーーーーーーーーーーーー
問題6　女の人のねこは、どれですか。

Gを見てください。
男の人と女の人が話しています。

問題7　男の人は、何で行きますか。
ーーーーーーーーーーーーーーーーーーーーーー
男：来月、大阪へあそびに行きます。
女：いいですね。何で行きますか。
男：まだわかりません。しんかんせんもひこうきも高
　　いですね。
女：じゃ、バスはどうですか。ずっと安いですよ。時
　　間はかかりますが、いいですよ。
男：そうですか。じゃ、それにします。
ーーーーーーーーーーーーーーーーーーーーーー
問題7　男の人は、何で行きますか。

例題1　おはようございます。
1　おはようございます。
2　おやすみなさい。
3　さようなら。

例題2　おしごとは？
　　　　－かいしゃいんです。
1　わたしもかいしゃいんじゃありません。
2　わたしもかいしゃいんです。
3　わたしもいしゃです。

いちばんいいものは、例題1は1、例題2は2です。
ですから、例題1は1を、例題2は2を例のように
マークします。

問題8　コウさんは、どこですか。
1　はい、コウさんです。
2　だいどころです。
3　いいえ、ありません。

問題9　これは、だれの本ですか。
1　パソコンの本です。
2　ふるい本です。
3　わたしの本です。

問題10　リーさんは、あのかたですか。
1　はい、そうです。
2　はい、げんきです。
3　はい、あれです。

問題11　あしたもアルバイトがありますか。
1　はい、あしたです。
2　はい、けっこうです。
3　はい、7時までです。

問題12　少しさむいですね。
1　じゃ、ギターをひきましょう。
2　じゃ、スプーンをつかいましょう。
3　じゃ、ストーブをつけましょう。

問題13　ちょっと出かけます。
1　どちらへ？
2　おそかったですね。
3　おかえりなさい。

問題１４　このみかん、食べましたか。
１　ええ、あまいですよ。
２　ええ、すくないですよ。
３　ええ、わるいですよ。

問題１５　じしょをかしましょうか。
１　ごめんなさい。
２　おねがいします。
３　ええ、どうぞ。

問題１６　国の友だちと会いますか。
１　ええ、ときどき。
２　ええ、ほしいです。
３　ええ、もっと。

問題１７　それを見せてください。
１　どれですか。
２　しつれいします。
３　ごちそうさまでした。

問題１８　はじめまして。どうぞよろしく。
１　さようなら。
２　こちらこそ。
３　どういたしまして。

問題１９　あたらしいかばんですか。
　　　　　－ええ、きのう買いました。
１　よかったでしょう？
２　だれからですか。
３　すてきですね。

問題２０　くつをぬいでください。
　　　　　－くつしたは？
１　きてください。
２　かぶってください。
３　ぬいでください。

問題２１　あした、パーティーに行きますか。
　　　　　－あしたはちょっと…。
１　じゃ、いっしょに行きましょう。
２　ようじがありますか。
３　中野さんのうちですよ。

会話・説明問題
「＊」の部分は録音されていません。

例題
ーーーーーーーーーーーーーーーーーーーー
女：すみません。あたまがいたいですから、
　　　きょうはかえります。
男：わかりました。
ーーーーーーーーーーーーーーーーーーーー
問題　女の人は、どうしてかえりますか。
＊１　みみがいたいですから
＊２　あたまがいたいですから
＊３　はがいたいですから

いちばんいいものは２です。
ですから、例のように２をマークします。

１　女の人と男の人の会話を聞いてください。
ーーーーーーーーーーーーーーーーーーーー
女：いらっしゃいませ。
男：ええと、このバナナいくらですか。
女：500円です。
男：わー、高いですね。じゃ、このりんごは？
女：ひとつ100円、３つで250円です。おいしいですよ。
男：じゃ、３つください。
女：バナナは？
男：またこんどにします。
ーーーーーーーーーーーーーーーーーーーー
問題２２　男の人は、何を買いますか。
＊１　バナナです。
＊２　りんごです。
＊３　バナナとりんごです。

問題２３　男の人は、いくらはらいますか。
＊１　250円です。
＊２　600円です。
＊３　750円です。

2　女の人の話を聞いてください。

――――――――――――――――――――――

女：みなさん、これからバスにのります。さんかく
　　山へ行くまえに、わくわくこうえんに行って、
　　おいしいいちごを食べます。2時間くらいかか
　　りますから、今、トイレに行ってください。バ
　　スは、10時半に出ます。まだ10分ありますよ。
　　はやくトイレに行ってくださいね。

――――――――――――――――――――――

問題24　今、何時ですか。
＊1　10時10分です。
＊2　10時15分です。
＊3　10時20分です。

問題25　これから何をしますか。
＊1　りょこうです。
＊2　さんぽです。
＊3　かいものです。

3　男の人の話を聞いてください。

――――――――――――――――――――――

男：きのうは、わたしのたんじょう日でした。友だち
　　のゆきさんとアデルさんと日本りょうりのレスト
　　ランでしょくじしました。アデルさんは、にくを
　　食べませんから、さかなややさいのりょうりを食
　　べました。ふたりからプレゼントをもらいました。
　　ゆきさんからは、かさで、アデルさんからは、あ
　　おいシャツでした。

――――――――――――――――――――――

問題26　にくを食べない人は、だれですか。
＊1　「わたし」です。
＊2　アデルさんです。
＊3　ゆきさんです。

問題27　ゆきさんからのプレゼントは、何ですか。
＊1　かさです。
＊2　シャツです。
＊3　ケーキです。

4　男の人と女の人が電話で話しています。この会話
　　を聞いてください。
ーーーーーーーーーーーーーーーーーーーーー
男：もしもし、チカさん、シンです。
女：おはようございます。どうしましたか。
男：きのうからねつがありますから、きょう、学校を
　　休みたいです。学校の電話ばんごうがわかります
　　か。
女：はい。23の5631です。あとでびょういんへ行きま
　　すか。
男：いいえ。くすりをのんで、ゆっくりねます。じゃ、
　　また。
女：え、だめですよ。びょういんへ行ってください。
男：じゃ、学校のじむしょの人といっしょに行きます。
女：はい、それがいいです。おだいじに。
ーーーーーーーーーーーーーーーーーーーーー
問題２８　男の人は、これからまず、何をしますか。
＊１　びょういんへ行きます。
＊２　くすりを買います。
＊３　学校へ電話します。

問題２９　女の人について、会話の内容と合っている
　　　　　のは、どれですか。
＊１　きょう、学校を休みます。
＊２　男の人とびょういんへ行きます。
＊３　学校の電話ばんごうをしっています。

5　女の人と男の人の会話を聞いてください。
ーーーーーーーーーーーーーーーーーーーーー
女：山田さん、何を聞いているんですか。
男：あ、エミリーさん。えい語のニュースです。
女：山田さんは、よくえい語をべんきょうしています
　　ね。しごとでつかいますか。
男：いいえ。いつかりゅう学したいですから。
女：そうですか。
男：でも、ぜんぜんじょうずになりません。エミリー
　　さんは、日本語がじょうずですよね。どうやって
　　べんきょうしましたか。
女：日本のすきなえいがを何かいも見ました。
男：へえー。じゃ、わたしもします。
ーーーーーーーーーーーーーーーーーーーーー
問題３０　男の人は、どうしてえい語をべんきょうし
　　　　　ていますか。
＊１　外国でべんきょうしたいですから
＊２　エミリーさんと話したいですから
＊３　しごとでえい語をつかいますから

問題３１　男の人は、これからどうやってえい語をべ
　　　　　んきょうしますか。
＊１　すきなおんがくをききます。
＊２　おなじえいがをたくさん見ます。
＊３　毎日ニュースを読みます。

これで聞くテストをおわります。

J.TEST実用日本語検定(F-G)

日本語検定協会

◆ 名前をローマ字で書いてください。
Write your name in roman letter.

名前
Name

◆ 漢字名がある人は、漢字で名前を書いてください。
Write your name in Kanji if you have.

名前 (漢字)
Name (Kanji)

◆ 受験番号を書いてください。
Write your Examinee Registration Number below.

◆ 下のマーク欄に受験番号をマークしてください。
Mark your Examinee Registration Number below.

受験番号 Examinee Registration Number

| ⓪ ① ② ③ ④ ⑤ ⑥ ⑦ ⑧ ⑨ |
| ⓪ ① ② ③ ④ ⑤ ⑥ ⑦ ⑧ ⑨ |
| ⓪ ① ② ③ ④ ⑤ ⑥ ⑦ ⑧ ⑨ |
| ⓪ ① ② ③ ④ ⑤ ⑥ ⑦ ⑧ ⑨ |
| ⓪ ① ② ③ ④ ⑤ ⑥ ⑦ ⑧ ⑨ |
| ⓪ ① ② ③ ④ ⑤ ⑥ ⑦ ⑧ ⑨ |
| ⓪ ① ② ③ ④ ⑤ ⑥ ⑦ ⑧ ⑨ |

注意 [Note]

1. えんぴつ(HB〜2B)でマークしてください。
   Use a black soft(HB〜2B/No.1 or No.2)pencil.
2. 書きなおすときは、消しゴムできれいに消して
   ください。
   Erase any unintended marks completely.
3. きたなくしたり、おったりしないでください。
   Do not soil or bend this sheet.
4. マーク例 Marking Examples.

よい例 Correct	わるい例 Incorrect

◇ 読解 [Reading]

1	① ② ③ ④
2	① ② ③ ④
3	① ② ③ ④
4	① ② ③ ④
5	① ② ③ ④
6	① ② ③ ④
7	① ② ③ ④
8	① ② ③ ④
9	① ② ③ ④
10	① ② ③ ④
11	① ② ③ ④
12	① ② ③ ④
13	① ② ③ ④
14	① ② ③ ④
15	① ② ③ ④
16	① ② ③ ④
17	① ② ③ ④
18	① ② ③ ④
19	① ② ③ ④
20	① ② ③ ④
21	① ② ③ ④
22	① ② ③ ④
23	① ② ③ ④
24	① ② ③ ④
25	① ② ③ ④

26	① ② ③ ④
27	① ② ③ ④
28	① ② ③ ④
29	① ② ③ ④
30	① ② ③ ④
31	① ② ③ ④
32	① ② ③ ④
33	① ② ③ ④
34	① ② ③ ④
35	① ② ③ ④

36	① ② ③ ④
37	① ② ③ ④
38	① ② ③ ④
39	① ② ③ ④
40	① ② ③ ④
41	① ② ③ ④
42	① ② ③ ④
43	① ② ③ ④
44	① ② ③ ④
45	① ② ③ ④
れい	① ● ③ ④ ⑤ ⑥
46	① ② ③ ④ ⑤ ⑥
47	① ② ③ ④ ⑤ ⑥
48	① ② ③ ④ ⑤ ⑥
49	① ② ③ ④ ⑤ ⑥
50	① ② ③ ④ ⑤ ⑥

◇ 聴解 [Listening]

れい	● ② ③ ④
1	① ② ③ ④
2	① ② ③ ④
3	① ② ③ ④
4	① ② ● ④
5	① ② ③ ④
6	① ② ③ ④
7	① ② ③ ④

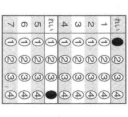

れい2	● ② ③
8	① ② ③
9	① ② ③
10	① ② ③
11	① ● ③
12	① ② ③
13	① ② ③
14	① ② ③
15	① ② ③
16	① ② ③
17	① ② ③
18	① ② ③
19	① ② ③
20	① ② ③
れい1	① ● ③
21	① ② ③
22	① ② ③
23	① ② ③
24	① ② ③
25	① ② ③
26	① ② ③
27	① ② ③
28	① ② ③
29	① ② ③
30	① ② ③
31	① ② ③

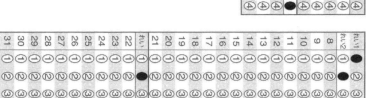

J. TEST 実用日本語検定　問題集[F-Gレベル]2020年

2021 年 6 月 25 日　初版発行
＜検印廃止＞

著　者　日本語検定協会／J. TEST 事務局
発行者　秋田　点
発　行　株式会社語文研究社
〒136-0071　東京都江東区亀戸1丁目42-18　日高ビル8F
電話　03-5875-1231　　FAX　03-5875-1232

販　売　弘正堂図書販売株式会社
〒101-0051　東京都千代田区神田神保町 1-39
電話　03-3291-2351　　FAX　03-3291-2356

印　刷　株式会社大幸